꿈은 기억보다
오래 남는다

꿈은 기억보다 오래 남는다

지은이 | 조태권
초판 1쇄 인쇄 : 2025년 11월 20일
초판 1쇄 발행 : 2025년 12월 01일

펴낸이 서지만
펴낸곳 하이비전
교 정 이수영 / 조성기
편 집 김현미 / 김보영
표지디자인 / 삽화 고준호

신고번호 제 305-2013-000028호
출판등록 2013년 9월 4일
홈페이지 hvs21.com
E-mail hivi9313@naver.com

ⓒ 조태권, 2025.
ISBN 979-11-89169-90-9(03810)

책값은 뒤표지에 있습니다.
잘못된 책은 구입하신 서점에서 바꾸어 드립니다.
 이 책은 저작권법에 의해 보호를 받는 저작물이므로 무단 전재와 복제를 금합니다.
이 책 내용의 전부 또는 일부를 이용하려면 반드시 저작권자와 <하이비전>의 서면 동의를 받아야 합니다.

꿈은 기억보다 오래 남는다

조태권 지음

하이비전

차 례

추천사 / 9
프롤로그 / 12

1부   강물을 거슬러 오르는 연어의 힘찬 몸짓처럼

1장   **운명은 이미 내게 길을 열어 놓았다 / 20**
운명   피할 수 없는 숙명이었다, 오이디푸스처럼 / 21
처음 걸었던 길의 낯섦 그리고 그 안에서 발견한 희망 / 24

모든 것은 문화로 귀결된다 / 27
지금의 우리를 만든 것은 다름 아닌 '문화'다 / 27
이제 문화사로 역사를 다시 봐야 / 30
우리 문화에 대한 저급한 인식이 문제다 / 32

한식의 재발견 / 34
한 나라의 문화 수준을 알 수 있는 척도, 음식 문화 / 35
왜 한식은 값싼 음식으로 치부되는가? / 39
품격 있는 한식의 제자리 찾기 / 40

한국적인 것이 가장 세계적인 것 / 43
21세기는 문화전쟁의 시대, '한국적인 것'의 의미를 찾아라 / 44
한식, 한국 문화 세계화의 매력적인 한 획 / 47

국가 브랜드 가치를 창출하기 위한 위대한 여정 / 50
인류 역사상 가장 빨리 선진국이 된 대한민국, 하지만 / 50
위기를 벗어날 모멘텀을 만들어야 한다 / 52
미래 국가 브랜드 가치, 한식에서 찾아라 / 54

2장   나 자신에 이르는 길 / 60
뿌리   미즈사시 도자기와 아버지, 운명의 전령이었던 어머니 / 61
두 세계 / 64

새는 알을 깨고 나온다 / 68
어쩔 수 없는 운명에 이끌려 / 69
알을 깨뜨리려는 혼신의 투쟁 / 72

세계를 누비며 몸으로 배웠던 것들 / 77
세상 밖으로, 첫발 / 78
즐겁게 일하고 열정으로 뛰다 / 81
해외에서 절감했던 국가 브랜드 파워 그리고 '오리엔탈리즘' / 85

2부   열정의 파이오니어가 빚어낸 기적

3장   가지 않는 길 / 94
동틀녘   아버지의 죽음, 그 운명이 이끄는 길로 한 걸음 / 95
도자 사업에 대한 인식을 바꾸다 / 100

전통문화에 다시 생명을 불어넣다 / 105
우리 전통 도자를 복원하기 위한 비지땀 / 106
우리 안의 보물을 발견하고 새롭게 재편하라 / 108

생활 도자기를 위한 집념 / 112
전통 복원과 계승의 가능성, 생활 도자기 / 113
우리 도자기의 미와 멋을 담아라 / 115

새로운 시도, 폭발적 호응을 이끌다 / 118
발상의 전환이 빛을 발하다, '아름다운 우리 식탁전' / 119
품격 있는 생활문화의 창출을 위하여' / 122

문화, 위에서 아래로 흐르는 권력 / 125
엄연히 존재했던 강한 문화와 약한 문화 / 125
문화의 영향력은 위에서 아래로 흐른다 / 126
전통문화의 확산, 상류층의 역할이 중요 / 129

4장   **분석하고 응용하고 창조하다**   **134**
개척자   "우리 집에서 밥 한 끼 하실까요?" / 134
'분석하고 응용해 창조해 낸 요리' / 137
새로운 차원의 한식당, 가온의 탄생 / 140

가온, 한식당의 신기원을 열다 / 143
시대를 앞서간 한식당 / 145
새로운 한식 메뉴의 가능성을 타진하다 / 147
가온과 한식의 '마케팅 카사노바'가 되고자 했다 / 149

한식 세계화의 이니셔티브 / 152
한식을 고급화해야 하는 이유 / 153
한식 세계화의 첨병으로 / 155
한식의 정체성을 만들라 / 157

명품 전통주의 탄생 / 160
우리 술의 아픈 역사 / 161
한식에 찰떡궁합인 명품 주 '화요' 탄생하다 / 163
취하기 위한 것이 아닌, 흥을 돋울 수 있는 술 / 165

나파 밸리, 그 기적의 드라마 / 169
한식, 나파 밸리를 매혹시키다 / 170
한식, 나아가 한국문화의 인상을 뒤바꾼 '디테일의 힘' / 176

한국을 넘어 세계의 명품으로 / 179
실패는 성공이 빚어지는 용광로이다 / 180
창의성으로 승부하라 / 185

3부   내 인생에 후퇴란 없다

5장   **주세법 개정을 위한 혼신의 노력 / 192**
성취 세계와 경쟁할 문화상품을 위한 주세법 개정의 필요성 / 193
소주 시장을 살리는 길? 글로벌 경쟁력을 갖춰야 한다 / 196

미쉐린가이드 9년 연속 선정, 꿈을 이루다 / 199
고객의 마음을 얻어라 / 200
미쉐린가이드 선정, 외롭고 험난한 도전 끝의 성취 / 202

글로벌 시장으로 보폭을 넓히다 / 205
한식 세계화는 문화보국의 핵심 / 205
밑 빠진 독에 물 붓기? 아니 콩나물시루에 물 붓기였다 / 207
광주요그룹의 기업 브랜드를 위한 전략적 경영 / 209

'문화보국'의 꿈을 놓지 않으려는 한결같은 전진 / 214
이익의 극대화? 미래의 경영은 그런 것이 아니다 / 215
미래를 꿈꾸는 경영, '문화보국'의 완수를 위하여 / 217

선한 영향력을 끼치는 사회적 기업으로 / 221
기업의 사회적 책임은 선택이 아닌 필수 / 222
'인생은 사람이 생각한 것의 결과이다' / 224

6장   **나는 내 방식대로 즐겁게 살아왔다 / 228**
저물녘   '성찰', 나를 깨우고 나를 만들었던 것 / 229
           나는 내가 생각하는 삶을 추구하며 살아왔다 / 231

           미래전략을 그리다 / 234
           광주요그룹의 미래는 '글로벌 기업' / 236
           미래의 흐름과 변화를 통찰하라 / 238
           새로운 가치를 만들어내는 것, 광주요그룹의 '세계화 비전' / 240

           더 품격 있는 우리 문화의 미래를 상상하며 / 244
           K-문화 전성시대, 한식이 계속 이어가야 한다 / 245
           한식의 '팬덤' 시대를 열자 / 247

           에필로그 / 253

추천사

'나로 존재한다는 것'
그 무게와 '결'을 알게 해준 아버지

    모든 인간이 저마다 자신만의 철학을 품고 이 세상을 살아가듯 저 역시 저만의 철학을 갖고 살아갑니다. 그러나 저의 철학은 단지 개인으로서 한 사람의 취향이나 고집으로 빚어진 결과로서가 아닌, 조금 거창하게 말하자면 시대와 사람을 관통해 온 그리고 세대를 건너 이어 온 책임의 언어라고 자부할 수 있습니다. 그것은 제가 살아온 궤적이자 앞으로 살아갈 방식이며 내가 지켜야 할 자존의 뿌리이기도 합니다.
    저의 삶을 이끈 그 철학은 가벼운 말의 형태로 드러나지 않습니다. 그저 말이 아닌 행동으로, 견디며 지켜내고 잊히지 않도록 살아내는 방식으로 이어져 왔다고 생각합니다. 그리고 그 철학의 주제는 내 삶과 일을 통해 체현하는 '한국의 미와 정신'이었습니다. 바로 아버지에게 이어받은 전통입니다.
    내 삶의 기원이자 가장 큰 스승이기도 한 광주요그룹의 창업주, 아버지 조태권 선생은 늘 내게 말씀하셨습니다. "좋은 그릇은, 음식이 아니라 삶을 담는 그릇이어야 한다."라고 말입니다.
    그 말은 단지 도자기에 대한 철학이 아니었습니다. 그릇이 곧 사람이라는, 더 깊고 근원적인 사상을 품은 문장이었습니다. 이는 사람이란, 역할로 설명되는 존재가 아니라 삶의 태도로 증명되는 존재여야 한다는 의미이기도 했습니다. 그 말은 저의 마음속에 씨앗처럼 심겼고, 시간이 흐를수록 저를 성장시켜 준 자양분이 되었습니다. 그 결과 저는 어떤 자리에서도 결국 '나답게' 살아내는 힘을 기를 수 있었습니다.

겉으로는 단정하고 고요했을지 모르지만, 그 고요 안에는 날카로운 질문과 깊은 성찰, 쉽게 꺼내 볼 수 없는 천착(穿鑿)이 숨어 있었습니다. 그리고 그런 내면을 껴안고 버텼던 무수한 시간이 지금의 저를 만들었음을 고백하지 않을 수 없습니다.

저는 고민 없는 반복을 경계합니다. 겉으로 드러나는 성공한 삶의 모양을 모방할 수 있다 하더라도, 그 안에 깃든 철학과 성찰, 번민과 용기는 닮을 수 없습니다. 누군가의 언어를 흉내 내는 일은 쉬우나 그 삶의 결까지 묘사(描寫)하는 것은 전혀 다른 차원의 문제입니다. 저는 늘 그 결을 보려 노력해 왔고 앞으로도 그럴 것입니다.

기업의 경영에도, 인간의 관계에도 심지어 글의 문장에도 그 '결'이 있으며 이는 매우 중요합니다. 결은 눈에 잘 보이지 않으나 일정한 시간이 흐르면 반드시 드러나게 됩니다. 그 결은 단어의 결합보다 더 깊고 넓은 문장을 지향하며 단편적인 기술이나 기계적 사고들의 파편보다 차원 높은 패러다임에 속하며 속도보다는 정확성을 추구합니다.

저는 지금까지 그 결을 볼 수 있는 사람이 되고 싶어 애를 써 왔고 무엇보다 그 결을 지키는 사람이 되고 싶었으며 그 결을 위해

저 자신을 단련시켜 왔습니다. 때로는 외롭고 두렵기도 했으며 세상과 어긋나는 것 같기도 해 혼란스러웠습니다. 그렇지만 결은 멀리 돌아가더라도 '자기답게' 걸어온 사람만이 획득할 수 있는 귀중한 선물이었습니다.

이 책은 저와 같은 시행착오를 겪으며 '한국의 미와 정신'이라는 철학을 찾아 평생을 투신해 오신 아버지 조태권 선생의 결을 담아낸 기록입니다. 겉으로 보이는 화려함이나 규모의 무늬가 아닌, 일생을 통해 추구했던 가치의 무게, 흉내 내지 않고 속도에 휘둘리지 않으며 성실하고 묵묵한 걸음으로 이어 온 시간의 단단한 증명이기도 합니다. 그런 삶의 '결'을 지켜온 아버지의 인생에 존경이라는 말로는 부족한, 마음 깊은 곳에서 우러나오는 찬사를 보내드립니다. 그 걸음 하나하나가 우리 시더 한국의 미와 정신을 품어낸 조용한 기념비였습니다.

묵묵히 제 길을 걸어온 한 인생의 결을 통해 진짜 삶의 무게와 진중한 아름다움을 배우고 싶은 이들에게 이 책을 추천합니다. '결이 있는 삶'을 묻는 물음에, 이 책이 적절한 답을 제시할 것입니다.

저도 아버지의 뜻과 우리 가문, ㈜화요 그리고 저 자신에게 부끄럽지 않은 결을 지켜나갈 수 있도록 늘 노력하며 살겠습니다. 그것이 제게 오롯이 주어진 사명이자 그 사명을 물려준 아버지께 드릴 수 있는 작은 예의이기 때문입니다.

이 책을 읽는 모든 분에게 행운이 가득하길 바랍니다.

㈜화요 대표이사 조희경

프롤로그

시대를 앞서간 평생의 꿈 '문화보국'

2007년 10월 19일은 내 인생의 큰 전환점이 된, 결코 잊지 못할 날이었다. 전 세계에서 가장 세련되고 안목이 높은 미식가들에게 한식의 가능성을 일깨워 줄 나파 밸리 만찬이 열린 날이기 때문이다.

정확히 내 60갑자의 마지막을 맞은 그해의 만찬은 한국 전통문화의 정수를 보여주려는 나의 꿈을 실현해 줄 시험장이자 시발점이었다. 이후 나파 밸리 만찬은 국내외 언론에 대대적으로 보도되면서 '한식 세계화' 이슈에 불을 댕겼고 이듬해 '한식 세계화' 의제가 정부 정책으로 채택되는 데 큰 역할을 했다.

'약식동원(藥食同原)의 철학을 이어가는 한국 식문화 기업 광주요가 제안하는 건강식'이란 주제로 개최된 나파 밸리 만찬은 그때까지 '한식 세계화'라는 전인미답의 길을 외롭게 걸어왔던 내 발자취를 다시 복기했던 순간이자 새로운 장을 펼치게 되는 계기가 되기도 했다. 나파 밸리 만찬 이후 나는 한식의 무한한 가능성을 확신하게 되었고 한국인으로서 우리 음식의 탁월함과 조화로움을 다시 한번 깨닫고 자랑스러운 마음을 갖게 되었다.

사실 내 인생의 적지 않은 시간에서 한식은 관심 사항이 아니었다. 기업의 일원으로서, 사업가로서 전 세계를 돌아다니며 많은 나라의 문화와 의식주를 접했으나 한식이 내 삶의 후반부를 오롯이 사로잡은 것은 어쩌면 피할 수 없는 숙명이었다고 해도 과언이 아닐 것이다.

그러나 되돌아 생각해 보니 그것은 필연이었다. 나는 인간이 영위하는 사회에 우연이나 운명은 존재하지 않는다고 생각한다. '인간을 포함한 우주 일체를 지배하는 초인간적인 힘'이 운명의 사전적 정의인데, 이 세상의 초인간적 힘이란 삼라만상을 운행하는 우주적 원리뿐일 것이다. 그마저도 자연법칙에 따라 자연스럽게 이뤄지는 것이지 초자연적일 수는 없다. 모든 것에는 합당한 원인이 있고 그에 따르는 과정과 결과만이 있을 뿐이다.

36년 전 선친이 일궈놓은 ㈜광주요를 맡게 된 것은 어머니의 간곡한 권유 때문이었다. 처음에는 시행착오의 연속이었다. 그러다 몇 년이 지나면서 나는 문화에 대한 진지한 고민과 함께 공부에 빠져들었다. 어머니의 죽음이 계기였다. 평생 나의 미래를 걱정하며 뒷바라지하신 어머니의 유지를 성실히 받들지 않을 수 없었다. 그것은 필연이지 운명은 아니었다.

공부하다 보니 우리 전통문화가 창조적으로 계승되고 발전되지 못하고 있다는 사실을 절감했고 이내 서글퍼졌다. 우리 전통문화가 답보하는 이유가 뭘까. 오랜 고민 끝에 나는 우리 음식문화에 문제가 있음을 깨달았다. 도자기에 대한 안목이 커지자 자연스럽게 음식에 관한 관심으로 이어졌던 것이었다.

그렇게 진행된 생각의 연쇄 작용은 그릇에서 음식으로, 다시 음식에서 술로 이어졌다. '가장 가치 있는 음식은 혼이 담긴 그릇에 담기고 가장 좋은 술이 곁들여지며 가장 상징적인 공간으로 완성된다'라는 내 소신과 철학이 비로소 제 모습을 갖추게 되었다.

그중에서도 음식은 단연 최고였다. 음식은 한 사회와 국가, 민족의 정체성을 대표하는 문화적 기호(signifiant)이다. 음식과 먹는 행위에 그 집단과 구성원의 정서와 문화가 배어 있기 때문이다. 나는 한 개인의 삶에서 음식의 중요성과 함께 사회와 국가에 미치는 식문화의 영향이 얼마나 큰지 깨닫게 되었다. 그리고 그런 깨달음을 바탕으로 우리 전통문화와 한식 전도사로서 내 길을 꾸준히 다져 나갔다.

그런데 한식을 공부하면 할수록 무한한 가능성과 가치를 갖는 한식이 얼마나 부당한 대우를 받고 나아가 왜곡된 인식을 받고 있는지 차츰 알게 되었다. 우리 전통문화가 제대로 된 인정을 받지 못하고 있는 것은 비단 음식만이 아니었다. 이후 내가 걸어야 할 길은 할 수 있는 최대치의 역량을 끌어내고 자신을 채찍질하며 한식을 비롯해 우리 문화의 우수함과 아름다움을 재발견하고 알리는 것이었다. 그 길만이 우리 민족의 정체성과 자존심을 회복하고 우리나라의 미래 먹거리를 창출하는 첩경임을 확신하게 되었다.

지난 2012년 발간된 나의 첫 책의 제목을 『조태권의 문화 보국』으로 정했던 것은 바로 그런 이유에서였다. '문화 보국(文化保國)'이란 '문화로 국가를 지킨다'라는 의미이다. 책 발간 이후 10년이 넘는 세월이 흘렀다. 지난 시간 동안 '문화 보국'의 벅찬 사명을 갖고 시간과 에너지는 물론 엄청난 사재(私財)를 쏟아부으며 내 나름대로 몸부림을 쳤다. 얻은 바도 많고 일정한 성취도 맛봤다.

그러나 아직은 배가 고프다. 그런데도 좌절하거나 낙담할 수 없는 이유는 그것만이 국가와 우리 민족이 다시 비상할 수 있는 유일한 길이기 때문이다. 더불어 나를 포함해 정부의 정책 입안자, 업계

관계자와 소비자, 나아가 국민 모두의 의식적, 실천적 변화가 뒤따라야 한다고 굳게 믿고 있다. 성에 차지는 않지만 지난 10년의 성취를 자양분 삼아 더 높은 곳을 보고 올라가야 할 때라고 생각한다.

돈을 많이 벌고 매출을 높이는 것만이 기업의 존재 이유는 아닐 것이다. 특히 광주요그룹처럼 문화를 통해 우리 정체성을 확인하고 고양하는 작업을 소명으로 삼는 기업은, 많은 이들의 꿈과 희망을 이룸으로써 우리의 문화적 자존심을 회복하는 역할을 다해야 한다고 생각한다.

이 작은 책은 그러한 내 의지와 신념을, 광주요그룹의 모든 임직원과 업계 관계자 그리고 한식과 우리 문화에 자긍심을 갖는 모든 이들에게 다시 확인시켜 주는 출사표라고 할 수 있다.

최근 Chat GPT가 시대적 이슈로 떠오르면서 인공지능(AI)의 활용이 대세가 되고 있다. 작문에서부터 독후감, 기획안 작성에 이르기까지 요즘 교실이나 사무실의 풍경은 예전과 사뭇 다르게 변했다. 하지만 인공지능이 아무리 발달한다 해도 인간의 상상력과 생각하는 힘을 뛰어넘을 수는 없으리라 생각한다.

그 상상력과 생각하는 힘의 소산물이 바로 책이다. 책을 읽는다는 것은, 저자의 상상력과 생각을 간접적으로 체험하는 일이며 나아가 나의 깨달음과 대화하면서 내면의 폭을 넓힐 좋은 기회를 얻는 일이다. 독서는 지식을 넓히고 생각을 깊게 하며 마음을 단단하게 해 주는 최고의 행위인 것이다.

이 책은 여느 자서전들과는 다른 구성을 취했다. 이 책에는 모든 장마다 내가 감명 깊게 읽었던 책과 나와의 대화가 담겨 있다. 최근

몸이 안 좋아지면서 내가 유일하게 휴식을 취하는 방법은 바로 책을 읽는 것이었다.

내 삶의 여정과 더불어 치열한 경영의 길에서 벽에 부닥치고 어려움을 겪었을 때 혹은 외롭거나 지칠 때, 때로는 지나치게 의욕이 넘쳐 자칫 일을 그르칠 우려가 있을 때마다 나는 책에서 해답을 찾았고 위로를 얻었다. 어찌 보면 이 책에서 소개하고 있는 27권의 명저들이 지금의 나를 만들었는지도 모르겠다.

내가 일궈온 사업과 인생에 대한 거창한 경구나 조언보다는 힘겨운 오늘의 시대를 열심히 그리고 묵묵히 살아가는 MZ세대들에게 이 작은 책이 따스한 위로를 주고 미래를 그려가는 데 작은 도움이나마 되었으면 좋겠다. 더불어 부담 없이 편안한 마음으로 읽어 주면 고맙겠다. 동시에 이 책이 우리 전통문화를 사랑하고 우리 국가 브랜드 파워를 높이기 위해 진력하는 이들에게 좋은 안내서이자 참고서가 되길 바란다.

1부

강물을 거슬러 오르는
연어의 힘찬 몸짓처럼

1장

운명

운명은 이미 내게 길을 열어 놓았다

『오이디푸스 왕』, 소포클레스, B.C.E 430~420

운명은 지극히 운명적이다. 우주 만물을 지배하는 불가피한 필연의 힘, 인간의 지혜와 능력으로는 어쩔 수 없는 절대력. 운명의 사전적 정의는 '반드시 그렇게 될 수밖에 없이 이미 정해져 있는 사실'이다.

그런 의미에서 내가 걸어온 인생의 여정은 이렇게 될 수밖에 없도록 운명이 만든 길이었음을 부인할 수 없다. 거스를 수 없는 운명은 결국 운명적으로 다가온다. 그저 우리는 번호표를 받고 대기하는 수험생처럼 운명의 강권 속에 던져질 뿐이다.

사실 전통문화와 관련한 사업을 내가 하리라고는 꿈에도 생각지 못했다. 나는 운명론자도 아니었고 전통문화에 관한 관심도 거의 없었다. 선친께서 도자기 사업을 하셨으나 나는 6남매의 막내였기에 가업(家業)을 이을 것이라는 마음도 없었고 예상도 하지 못했.

종합상사 근무를 거쳐 개인회사를 차려 승승장구하면서 체질적으로 무역이 익숙했고 중동과 유럽을 드나들며 이뤄낸 사업이 성공하면서 작지 않은 성취도 맛봤다. 그렇게 한때 나는 소위 '장사꾼'이었다, 문화와는 전혀 상관이 없는.

그런 내가 선친의 가업을 잇고 도자기와 같은 문화상품을 파는 것은 무역업과는 다른 차원의 일임을 깨닫고 뒤늦게 도자기 공부와 식탁 차리기, 나아가 한식과 전통주까지 손을 뻗게 된 일련의 과정은, 운명으로밖에는 달리 설명할 길이 없다.

피할 수 없는 숙명이었다, 오이디푸스처럼

테베의 왕 오이디푸스는 테베를 괴롭히는 역병의 원인을 알아내기 위해 예언자 테이레시아스를 불러 조사한다. 예언자는 문제의 원인이 오이디푸스에게 있음을 암시하는 전언을 지속해 던지지만, 오이디푸스는 이를 부정하며 음모로 여긴다. 조사를 계속하는 와중에 오이디푸스는 자신의 출생에 대한 충격적인 진실을 알게 된다.

테베의 이전 왕이었던 라이오스와 왕비 이오카스테에게는 아들이 있었는데 그 아들이 아버지를 죽이고 어머니와 결혼할 것이라는 신탁을 받았다. 이런 운명을 피하고자 라이오스는 목동을 시켜 아들의 발목을 묶어 산에 버리도록 명령한다. 그러나 목동은 아이를 죽이지 않고 코린토스의 왕과 왕비에게 맡긴다. 이 아이가 바로 오이디푸스였다.

신탁으로 자신이 아버지를 죽이고 어머니와 결혼하게 된다는 운명을 알게 된 오이디푸스는 코린토스의 부모를 떠난다. 테베로 가는 길에 그는 길을 막는 라이오스를 죽이고 예언을 실현한다. 테베에 도착한 오이디푸스는 스핑크스의 수수께끼를 풀고 도시를 구하며 테베의 왕이 되어 자신의 어머니인 이오카스테와 결혼하게 된다. 예언이 성취된 것이다.

역병의 원인을 찾으려 실마리를 찾아 나가면서 결국 자신의 출생 비밀과 함께 그토록 피하려 했던 살부(殺父)의 운명에 대한 불가항력을 절감한 그는 자신의 눈을 찌르고 방랑의 길을 떠난다.

세계문학 역사상 지독한 운명의 장난을 그린 최고의 작품은 아마도 그리스 비극의 걸작인 소포클레스의 『오이디푸스 왕』이 아닐까 싶다. 운명의 불가피성과 비극적인 아이러니를 보여주는 이 작품은, 자신의 운명을 극복하기 위해 필사적으로 맞서 싸우지만 결국 운명의 힘에 굴복하는 결말을 맞으며 인간의 지식과 힘이 얼마나 제한적인지를 보여준다.

운명을 피해 다른 길을 선택했으나 결국 자신의 운명을 맞을 수밖에 없었던 오이디푸스처럼 나도 나의 운명을 피할 수 없었다. 혈혈단신으로 미국에 건너가 미주리주립대학교를 3년 반 만에 졸업하고 한국에 들어오기 전 부모님이 계시던 일본에 들렀을 때 아버지는 내게 도자 사업을 이을 것을 강권하셨다.

그것이 내 운명의 시작이었을까. 전통문화는 물론 도자기에 관심도 없던 내가 아버지의 제안을 뿌리친 후 편지 한 장 남겨두고 도망치듯 서울로 떠난 것은, 운명을 거스르기 위해 코린토스를 떠나 테베로 향하는 오이디푸스의 행동과 묘하게 닮아 있었다.

무역업이 하늘이 내린 내 소명으로 느껴졌던, 그래서 도자 사업이니 전통문화니 하는 것들은 꿈에도 상상조차 하지도 못했던 나의 모습은, 지금 생각해 보면 아버지를 죽여야만 하는 운명을 피하려고 발버둥 쳤으나 결국 그 신탁을 이룰 수밖에 없었던 오이디푸스만큼이나 어설프고 어리석어 보였다.

테베로 가는 길 위에서 진짜 아버지인 라이오스를 죽였던 오이디푸스의 잔인한 운명은, 부친의 타계 후 어머니의 간절한 부탁으로 가업 '광주요'를 맡게 된 내 운명과 한 치의 어긋남 없이 똑 닮아 있었다.

"아 아, 모든 것이 이뤄질 수밖에 없었구나, 명백하게! 오, 빛이여. 이제 내가 너를 보는 게 마지막이 되기를!"

운명의 진짜 얼굴을 마주한 오이디푸스의 고백은 결국은 나의 독백이 되었다.

㈜광주요 대표 취임 직후의 모습

귀빈에게 광주요 도자기의 특징을 설명하고 있다.

처음 걸었던 길의 낯섦 그리고 그 안에서 발견한 희망

1988년 아버지가 돌아가신 후 어머니의 부탁으로 ㈜광주요 대표로 취임한 당시가 불현듯 떠오른다. 그해 1월, 몹시도 강한 한파가 닥쳤다. 외국에서의 사업을 정리하고 막 한국에 들어왔을 때 알 수 없는 막막함과 묵묵함의 크기는 나를 압도했다. 한겨울의 찬 바람이 수시로 얼굴을 때렸으며 적설이 녹지 않은 북한산의 무채색 음영이 마음을 무겁게 짓눌렀던 기억이 새롭다.

광주요를 맡고 얼마 되지 않아 나는 도자기 사업이 단순히 그릇을 만들어 파는 차원의 일이 아니었음을 깨달았다. 그것은 옛것을 토대로 시대에 맞는 새로운 그릇을 만들어 내야 하는 창조적 작업이어야 했다. 그러나 현실은 내 생각과 너무나 동떨어져 있었다. 그런 현실에 막막함과 무력감을 맛봤지만, 한편으로는 내게 주어진 숙제라고 느껴져 내면의 의지가 상승함을 느꼈다.

다행히도 운명은 도자 사업 나아가 전통문화를 계승, 발전시키기 위한 사업을 위해 미리 나를 준비시켰다. 무역업을 영위하면서 전 세계 다녀 보지 않은 곳이 없도록 나를 이끌었고 그 과정에서 수많은 나라와 민족의 전통문화와 식문화를 경험케 했다. 그럼으로써 자의든 타의든 자연스럽게 나는 각국의 전통과 문화를 눈여겨보며 내재화할 수 있었다. 운명은 그렇게 제 일을 한 치의 오차도 없이 진행하게 하는 습성이 있는가 보다.

한 국가나 민족 등 공동체의 문화란 추상적이거나 거창한 것이 아니라 일상에서 행하고 겪고 체험하는 실재적인 무엇이다. 그것은 가시적이고 형태를 지닌 물질인 동시에 그 안에 내재한 정신의 총합이기도 하다.

전통도 마찬가지이다. 예로부터 전해온 의식주와 이에 부수적으로 연결되는 물질에 풍습과 신앙, 지식, 예법, 관습 등이 총화된 무엇이다. 한 국가나 민족의 전통문화는 이렇듯 개개인의 일상생활에 축적되고 대물림되어 이어져 나가는 것으로 이는 국가와 민족의 품격과 가치를 결정하는 핵심적인 지표로 작용한다.

단지 그릇을 파는 사업으로서의 도자기가 아닌, 총체적 전통문화의 집합체로서 혹은 우리 민족의 문화적 품격을 지키고 고양하며 계승하는 대상으로서 도자기를 인식하는 순간 무거운 책임감과 더불어 당시까지 살아온 삶의 여정과는 전혀 다른 낯선 길에 들어섰다는 생각에 적이 당황하기도 했다.

그러나 나를 그 길로 이끈 '운명'이라는 두 글자 앞에서 마음을 다잡았다. 더불어 반드시 이 사업을 성공시켜야 한다는 생각이 굳게 들었다. 선친께서 평생을 바쳐 추구했던 가치 그리고 어머니께서 그토록 바랐던 가업 잇기를 뛰어넘어 문화생산자로의 재탄생을 통해 내 인생의 목표를 성취할 수 있겠다는 생각이 들었다. 내가 바라고 원하는 것을 얻을 수 있다는 느낌과 예감, 그것이 바로 희망이라고 불리는 것일 것이다.

나는 내가 걸어가야 할 나의 길을 찾았고 희망을 품었다. 비록 다른 이들이 가길 꺼리는 고달프고 힘든 길이었으나 운명이 나를 이끌었다고 생각하니 두렵거나 외롭다는 생각은 들지 않았다. 그렇게 나는 30년 넘는 세월의 첫걸음을 뗐고 전통적 가치의 재창조라는, 황량한 모래폭풍이 이는 전인미답(前人未踏)의 길을 표표히 나설 수 있었다. 운명이 아니라면 결코 일어날 수 없는 일이었다. 운명이 내게 길을 열어 놓은 것이었다.

모든 것은 문화로 귀결된다

『문화로 보면 역사가 달라진다』, 조한욱, 2000

지금의 우리를 만든 것은 다름 아닌 '문화'다

가업인 도자기 사업을 시작한 후에야 나는 '문화'에 대해 눈길을 돌릴 수 있었다. 문화는 우리 일상생활과 직결되어 있다.

우리 식문화의 우수함을 널리 알리는 데 역할을 했던 '성북동 만찬회'

성북동 만찬회 귀빈인 박태준 전 총리와 소설가 조정래 선생

우리의 삶과 생활 그 자체라고 해도 크게 틀린 말이 아니다.

문화를 표준국어대사전에서 찾아보면 다음과 같이 정의되어 있다. '자연 상태에서 벗어나 일정한 목적 또는 생활 이상을 실현하고자 사회구성원에 의해 습득, 공유, 전달되는 행동 양식이나 생활양식의 과정 및 그 과정에서 이룩해 낸 물질적·정신적 소득을 통틀어 이르는 말. 의식주를 비롯해 언어, 풍습, 종교, 학문, 예술, 제도 따위를 모두 포함한다.'

문화를 정의한 이 두 문장에서 내가 방점을 찍고 싶은 것은 '자연 상태에서 벗어남'이라는 부분이다. 자연 상태에서 벗어난다는 것은, 말 그대로 자연 상태를 떠나 유의미한 역사와 문명을 이루는 서사가 일어났다는 의미이다. 인류가 생물학적 층위에서 과감히 독립을 선언하고 새로운 차원의 단계로 진입했다는 뜻이기도 하다.

역사에 존재했던 인간종(Homo) 중에서 왜 사피엔스 종만이 유일하게 살아남았는가? 인지혁명(약 7만 년 전부터 3만 년 사이에 출현한 새로운 사고방식과 의사소통 방식) 후 사피엔스가 발명한 다양성의 결과물 그리고 그것이 유발하는 행동 패턴, 즉 문화가 있었기 때문이다. 사피엔스에 의해 만들어진 문화는 시간이 지나면서 끊임없이 변화, 발전해 왔으며 그 멈출 수 없는 흐름의 연쇄 고리를 우리는 역사라고 부른다.

문화 가운데 가장 근본적이고 중요한 것이 바로 '의식주'이다. 나는 그렇게 생각한다. 이는 일상생활의 기본, 즉 먹고 입고 자는 일을 의미한다. 먹고 입고 자는 일이 문화를 구성하는 가장 기초적인 행위일 것이다.

인간은 먹지 않으면 살 수 없다. 부끄러움이 있기에 헐벗을 수 없고 입어야 한다. 비와 바람 등 자연재해를 피하려고 집을 만들어 생활해 왔다. 인간이 생명을 유지하고 대를 잇기 위해서 의식주는 필수 불가결한 생존 아이템이라고 할 수 있다.

사람은 같은 시대, 같은 지역에 같이 살면서 같은 복식(服飾)과 같은 가옥 형태, 같은 땅에서 재배한 같은 음식을 먹으며 그 땅, 그 지역의 기운으로 몸과 마음이 만들어져 간다. 같은 땅에서 같은 옷을 입고 같은 가옥에 거주하며 같은 음식을 먹고 자라는 사람들이 정서적 공동체를 이루며 사는 것이 바로 마을이고 마을이 확장되면 국가가 된다. 이처럼 같은 것들을 누리면서 비슷한 습관과 정서를 공유하는 것이 곧 문화가 되는 것이다.

의식주 문화 중에서도 가장 중요한 것을 꼽으라면 나는 단연 '식(食)', 먹는 것을 꼽는다. 음식은 삶의 토대이자 문화의 뿌리이기 때문이다. 음식 문화는 종합 문화이자 모든 문화의 바탕에 자리한 기층문화이기도 하다.

음식 문화를 살펴보면 한 국가, 한 민족의 특징과 경쟁력을 알 수 있다. 음식 문화의 수준은 곧 그 나라 문화의 수준이라고 봐도 무방하다. 도자 사업을 시작하고 문화에 관심을 두고 눈을 뜬 후 내가 음식과 술에 천착하게 된 것도 바로 그런 이유에서였다.

이제 문화사로 역사를 다시 봐야

문화라는 프리즘으로 역사를 보면, 기존의 역사도 바뀔 수 있다. 그만큼 문화의 중요성이 커지는 것이다. 역사학자 조한욱이 쓴 『문화로 보면 역사가 달라진다』는 문화를 통해 본 역사 방법론이라는 새로운 시각을 제시했다.

사실 우리가 학교에서 교과서를 통해 배웠거나 알고 있는 역사란, 굵직한 정치적 사건이나 지배 세력의 행위에 초점을 맞춘 정치사에 불과했다. 그런데 정치사는, 역사의 흐름과 서술이 지배계층에 의해 편집되어 결정된 방향으로 맞춰진다. 여기서 더 나아가 절대다수를 차지하는 인간들의 관점과 시선, 목소리가 소거된다는 점에서 정치사는 일정한 한계에 부닥치게 된다.

이렇듯 영웅 중심적이고 지배계층 눈높이의 정치사에 대한 비판에서 비롯된 것이 사회사였다. 정치사가 '위로부터의 역사'였다면 사회사는 '밑으로부터의 역사'라고 『문화로 보면 역사가 달라진다』의 저자는 말한다. 마르크스주의 역사가와 아날학파에 의해 주도된 사회사는 노동자, 여성, 소수 인종 집단, 성 소수자 등 소외된 계층과 집단을 대변하고 평범한 대중들의 일상을 연구 대상으로 삼았다. 그런데 이제는 사회사로 설명하지 못하는 부분이 있기에 사회사를 넘어선 새로운 역사의 서술 방법론이 제기되는데 바로 '문화사'이다.

문화사는 소설과 그림, 포르노그래피, 통속극 등 문화적 산물의 분석을 통해 프랑스 대혁명과도 같은 역사적 사건에 대해 새로운 해석을 시도했던 미국의 린 에이버리 헌트(Lynn A. Hunt)를 비롯한 역사학자들에 의해 시도되었다.

문화사 연구에는 프랑스 역사가들도 한몫했다. 그들은 소위 정치사나 사회사로 규명할 수 없는, 결정론에 매몰된 인간 의식을 되찾는 길을 '망탈리테(mentalité)'의 역사에서 찾았다. '망탈리테'란 지리나 기후와 같은 장기지속적인 조건에 따라 짧지 않은 오랜 기간에 걸쳐 형성된 집단적 사고방식이나 생활 습관을 말한다. 다시 말해 같은 의식주 문화권 내에서 오랫동안 지속된 일상생활의 패턴을 의미하는 것으로 '망탈리테'는 관습과 정서 나아가 전통이라 명명되는 것들이 역사 형성의 질료이자 중요한 가치가 된다는 사실이다.

이는 우리에게 매우 중요한 시사점을 던져준다. '망탈리테'의 주재료가 되는 것이 의식주이며 그중 음식 문화의 중요성은 이루 말할 수 없을 만큼 크다. 산악이나 평야, 도서(島嶼) 등 어느 지역에서 태어났느냐에 따라, 온대와 열대, 냉대 등 어떤 기후에서 태어나고 자랐는지에 따라 먹는 음식이 다르고 그로 인해 기질도 달라진다. 이는 총체적 문화와 역사가 달라질 수 있다는 사실을 방증한다.

결국 주어진 지리적, 기후적 환경 속에서 의식주 문화를 어떻게 변화, 발전시키고 얼마나 혁신적인 방향으로 진화시켜왔느냐에 따라 한 민족, 한 국가 그리고 한 문화의 역사를 결정해 온 것이라고 할 수 있다.

우리 문화에 대한 저급한 인식이 문제다

문화사적 관점에서 바라본다면 우리 전통문화처럼 찬란하고 뛰어난 것이 없다. 세계 최고의 예술적 가치를 지닌 고려청자나 소박한 아름다움을 지닌 백자, 과학적 원리에 따라 만들어진 한글, 깊고 그윽한 풍미와 영양학적 가치를 지닌 김치 등 발효음식은 우리 민족과 국가의 고차원적 수준을 보여주는 결과물이라 하겠다.

그러나 우리는 우리 전통문화에 대한 자긍심을 갖고 있는가? 문화가 역사를 뒤바꿀 수도 있을 만큼 중요하고도 가치가 있음에도 불구하고 우리는 우리 전통문화에 대한 왜곡된 이해, 나아가 천대하는 분위기가 아직도 만연하고 있는 것이 현실이다.

왜 그럴까? 오랜 고민 끝에 나는 깨닫게 되었다. 우리 삶의 토대이자 문화의 뿌리인 음식. 우리 음식과 음식 문화에 문제가 있다는 사실이 보이기 시작한 것이다.

내가 한식의 가능성을 발견하고 한식 세계화를 표방하며 발 벗고 뛰기 시작했던 30년 전보다는 많이 좋아지기는 했으나 아직도 우리 음식에 대한 우리의 인식은 왜곡돼 있다. 프랑스 요리나 이탈리아 요리만이 고급 요리로 받아들여지고 있고 한식은 싸구려 음식이라는 인식이 팽배해 있는 것이다.

그렇기에 한식에는 세계적 명성을 얻은 최고의 요리나 메뉴가 부재할 수밖에 없다. 이는 한식 자체의 문제라기보다는 우리 전통문화에 대한 우리 자신의 저급한 인식, 전통 한식 요리를 제대로 계승하고 현재에 맞게 재창조해 내지 못하고 있는 우리의 무관심과 무신경이 더 큰 문제인 것이다.

이제 우리는 우리 전통문화의 가치를 제대로 인식하고 선조들이 물려준 엄청난 자산의 맥을 이어 오늘날의 상황에 맞게 재해석해 세계인들의 입맛에 맞게 세계 시장에 선보이는 일이 필요하다. 앞으로 이어갈 우리의 역사는 우리만의 '망탈리테'가 빚어낸 것들로 새로이 쓰이고 기록되어야 한다.

문화는 이미 국가와 민족의 모든 가치를 판단하는 척도가 된 지 오래다. 이제 모든 것은 문화로 귀결된다고 말해도 크게 틀리지 않는 시대가 됐다. 그런 시대에 걸맞은 진보된 사고와 인식만이 우리의 가치를 더욱 고양할 수 있는 첩경이 될 것이다.

한식의 재발견

『한식의 품격』, 이용재, 2017

 지난 세기말부터 K-팝으로 시작된 소위 한류 열풍은 아직도 꺼질 줄 모르고 거세게 일고 있으며 K-드라마, K-콘텐츠 등 다방면으로 확산하고 있다. 여기에 K-푸드까지 영역을 넓히며 고공행진 중이다.
 한류 수용성과 시장 잠재력이 높은 지역과 국가들의 수는 더욱 확대되는 양상을 보인다. 굴지의 한 글로벌 소셜 네트워크 서비스 기업은 2024년 7월 펴낸 백서를 통해 오는 2030년 한류 시장의 규모를 1,980억 달러, 우리 돈으로 273조 원까지 증가할 것으로 내다봤다.
 1988년 가업으로 광주요 대표로 취임하면서 나는 우리 전통문화에 관한 관심과 함께 미래 국가 경쟁력은 '소프트 파워'에서 결정될 것이라는 사실을 예견했었다. '소프트 파워(soft power)'란 음악, 영화, 애니메이션, 문학 등 문화력으로 물리력보다는 보이지 않는 가치를 중심으로 드러나는 힘을 의미한다.
 사실 한류 열풍이 불기 전 이미 국내 산업계는 '소프트 파워'의 가치를 인식하고 제품에 적용하기 시작했다. 모 자동차 제조기업은 전통 한옥의 처마와 한복의 소매 라인을 자사의 중형 자동차 디자인에 적용해 눈길을 끌었고 큰 히트를 쳤다. 신라 시대 상류층의 연회장이었던 포석정 형상을 본뜬 전자레인지를 출시해 해외시장을 휩쓴 전자 회사도 있었다.

우리 선조들의 지혜와 혜안이 삶의 현장에 녹아든 전통적 '소프트 파워'를 통해 한류의 물꼬를 튼 것이었다. 이렇듯 여러 방면에서 문화는 한류의 옷을 입고 물 만난 고기처럼 펄펄 날고 있으나 아쉽게도 한식의 형편은 그렇지 않은 듯 보인다.

한 나라의 문화 수준을 알 수 있는 척도, 음식 문화

한 나라의 문화 수준은 그 나라 국민이 입는 옷과 먹는 음식, 어떤 곳에 거주하느냐에 따라 좌우된다. 바로 의식주가 그 나라의 문화적 역량을 가늠할 수 있는 좌표이자 바로미터이다. 입고 먹고 자는 생활 양태가 그 나라의 문화 정체성이자 지표인 셈이다. 그중에서도 가장 근본적이며 중요한 것이 바로 음식이다.

우리나라는 예로부터 천혜의 환경을 가졌다. 국토의 70%가 산악지역이었고 사계절이 뚜렷해 다양한 식자재가 생산되었다.

지역마다 독특한 지역 특산물이 나고 깨끗하고 청정한 물과 비옥한 토양에서 온갖 산나물과 과일, 약초가 자라났다. 이러한 재료를 갖고 간드는 우리 전통 한식은 깊은 맛과 풍미를 자랑하며 영양학적으로도 매우 우수한 식품으로 세계 어느 음식과 견주어도 손색이 없다.

정갈한 한식의 품격을 보여 준 '가온 반상'

입맛을 돋우는 가온 애피타이저

　우리나라의 대표 음식이라고 할 수 있는 김치는 지방마다 맛과 재료가 다르고 된장과 고추장, 간장 등 장류도 집집이 다르며 그 맛이 수백 년씩 간직해 이어 내려오는 나라가 바로 대한민국이다. 우리나라는 세계 어디에 내놔도 손색이 없는 최고의 음식을 보유하고 있으며, 그러기에 수준 높은 음식 문화를 영위할 만한 조건을 두루 갖췄다고 해도 과언이 아니다.

　그렇지만 한식에는 세계적인 명성을 획득한 메뉴가 그리 많지 않다. 기껏해야 갈비와 불고기, 비빔밥, 김치 정도이다. 이 정도 수준으로는 풍미가 깊고 탁월한 맛과 향, 영양이 가득한 한식이 세계적인 음식의 반열에 올랐다고 할 수 없다. 그러한 근본적인 원인은 음식 문화를 꽃피울 만한 경제력과 함께 그에 따른 문화적 여유가 없었기 때문이다.

한 나라의 음식 문화 수준을 세계화와 연결해 판단하는 것이, 옳은지 그른지를 떠나 세계인의 입맛에 맞게 만들고 재해석해 시장에 내놓는 것은 또 다른 문제이다. 아무리 수준 높은 음식 문화라고 할지라도 세계인들이 인정하지 않는다면 무슨 소용이란 말인가. 다시 말해 수준 높은 음식 문화란 세계인이 즐겨 찾고 그 가치를 인정해 줄 때 비로소 의미를 획득할 수 있는 것이다.

세계인들이 한식을 찾지 않고 우리 문화에 관심을 두지 않는다면 우리 자신도 우리 한식과 문화에서 눈길을 거두게 된다. 그러면 자연스럽게 우리의 것이 하나둘씩 사라지게 될 것이다. 우리 전통문화 중에 그렇게 스러져 간 것들이 너무나 많다.

그렇다면 단지 몇 가지 메뉴만이 아니라 한식이 세계인이 인정하고 즐겨 찾는 음식이 되려면 어떻게 해야 할까? 세계인들이 한식을 생각할 때 공통으로 떠올리는 맛과 상징적인 이미지가 있어야 한다. 즉, 한식의 정체성이 확고하게 정립되어야 한다는 말이다.

특히 세계인들의 입맛에 맞는 한식 메뉴 개발도 필요하지만, 음식을 담아내는 식기와 상차림, 집기와 장식 등 식문화를 통해 한국의 이미지를 체험할 수 있게 하는 것도 매우 중요하다. 제대로 한국적인 정서를 느끼게 해줘야 감동을 전할 수 있기 때문이다.

왜 한식은 값싼 음식으로 치부되는가?

세계인의 입맛에 맞는 한식을 제대로 만들기 위해서 당장 필요한 것은 단절된 고품격 음식 문화의 흔적을 재건하는 일과 함께, 그저 '끼니'를 때우는 것이라 치부하는 음식을 '요리'의 차원으로 격상시키는 인식의 변화라고 나는 믿는다.

여러 가지 이유가 있겠으나 우리 음식 문화가 발전하지 못하고 정체된 원인 가운데 하나는 고루한 유교 사상 때문이기도 하다. '사농공상(士農工商)'의 유교적 사고방식에서 보듯 상업을 천시했던 우리의 가치관이 음식 문화의 발전을 가로막은 측면이 강했다. 그렇기에 동북아 3국 중에서 우리나라는, 일본은 물론 유교의 종주국인 중국보다도 시장의 발달이 늦게 되었다.

그러니 당연하게도 우리나라의 외식 산업의 역사도 짧을 수밖에 없었다. 조선 시대에 식당은 거의 없었으며 있었더라도 대부분 나그네를 위한 주막이나 야시장의 밥집 정도가 고작이었고 관제 여인숙인 역원(驛院)이 있었을 뿐이다.

일상생활의 공간 안에 그럴듯한 식당이 없었던 우리가 식사를 해결하는 곳은 대부분 가정이라는 울타리 내에서 이뤄졌다. 음식 문화의 발전과 대중화를 위해 필수적인 시장의 형성과 그로 인한 경쟁이 배제되다 보니 한식은 값싸고 질 낮은 서민의 음식이라는 잘못된 인식이 생겨났으며, 오랫동안 우리만의 품격 있는 음식 문화를 창출해 내지 못했다.

'사농공상(士農工商)'으로 구획된 신분으로 인해 계층별로 향유된 음식의 수준이 달랐으며 화려한 궁중 음식이나 종갓집 등 반가의 음식은 상류층만이 누릴 수 있는 특별한 음식이었다.

그러나 이렇듯 고급스럽고 품격 있는 궁중 음식 또는 반가의 음식들은, 밥으로 장사한다는 것을 상스럽게 여긴 상류층의 담장 안으로 숨어들었다. 대신 주막이나 밥집으로 나온 음식들은 값싸고 흔한 재료로 손쉽게 만들 수 있는 생계유지를 위한 음식들이었다. 그렇듯 우리 사회의 시스템 자체가 조성되지 못함으로써 우리 음식 문화를 품위 있고 품격 있는 문화로 만들지 못했으며, 한식을 끼니가 아닌 요리로 승화시켜 내지 못했다.

가난 때문에, 먹고살기 급급했기 때문에 음식 문화에 대한 안목을 기르지 못했다. 한식을 고급스러운 상품으로, 식사 예법을 고품격의 문화로 만드는 데 서툴렀고 또 그럴 필요성도 느끼지 못했다. 이 부분만 개선하고 극복한다면 한식은 세계 최고의 음식이자 고품격의 요리로 재탄생할 수 있으리라 생각한다.

품격 있는 한식의 제자리 찾기

우리의 음식 문화에서 가장 큰 과제 가운데 하나는 바로 한식의 외연을 넓히는 것이다. 다른 말로 하면 다른 국가와 민족의 음식에 뒤지지 않는 경쟁력을 갖추는 일이라 하겠다. 이는 한식이 품격을 얻고 본래 갖고 있던 가치를 회복하는 일이기도 하다. 그러려면 우선 한식에 관해 우리가 가진 잘못된 인식 등 문제점을 살펴봐야 한다.

 값싼 음식이라는 통념과 더불어 한식에 대한 또 다른 그릇된 인식은 지나치게 정서적으로 낭만화, 신비화되어 있다는 점이다. 어쩌면 한식이 스스로 가치를 잃게 된 주된 원인이 여기에 있는지도 모르겠다.

 음식 평론가 이용재가 쓴 『한식의 품격』이 그 점을 매우 잘 지적했다. 그는 그동안 한식에 대한 통념과 가치를 부여하고 있는 단어들인 '집밥', '손맛', '노포' 등의 전통과 정서적 가치들을 어떻게 과학화하고 세계인의 입맛에 맞도록 재창조하느냐에 대한 방향을 훌륭하게 제시했다.

 '맛의 원리와 개념으로 쓰는 본격 한식 비평'이라는 부제가 붙은 이 책에서 저자는 한식 담론을 주도했던 주제들, 이를테면 '신토불이' 같은 재료 주의나 참살이(well-being) 혹은 '손맛' 같은 온정주의와 비과학적 관점을 배제하고, 부제에서 내세웠듯 맛의 원리와 개념에 입각한 과학적 레시피에 주목했다.

 나는 그것을 고급화, 고품격화로 말하고 싶다. 사실 음식 문화의 발전과 대중화를 위해서는 시장과 경쟁이 필수인데 우리나라는 엄격한 유교 사상으로 인해 외식 산업이 발달하지 못했다. 음식 장사가 시작된 것도 먹고살기 바빴던 한국전쟁 이후였으니 우리나라에서 식당은 곧 아무렇게나 한 끼니를 때우는 곳, 그 이상 이하도 아닌 존재가 되었다.

 그러다 보니 우리나라의 식당은 맛과 분위기로 경쟁하지 못하고

양과 가격으로 승부를 보게 되었으며 결국 치열한 가격 경쟁은 질 낮은 재료에 화학조미료 범벅이 된 삼류 음식만 배출하는 곳이 되었다. 더욱이 경쟁이 음식의 가치를 올리는 게 아니라 오히려 떨어뜨리는 결과를 낳고 말았다.

전쟁 직후 가난했던 대중이 그저 한 끼 때우기 위해서는 저렴하고 푸짐하게 먹을 수 있는 값싼 식당이 필요했다. 그때는 당연히 그럴 수밖에 없었을 것이다. 그러나 시대가 변한 지금까지도 '그때 그 시절'의 음식이 추억의 이름으로 여전히 한식의 외피를 쓰고 있는 것은 큰 문제가 아닐 수 없다.

값싸고 푸짐했던 '그때 그 시절'이 '온정주의'의 외피를 쓰고 한식의 고루한 레시피 역할을 하면서 우리 음식 문화의 최고 가치가 되었다. 한식이 외연을 넓히고 국제 사회에서 경쟁력을 갖추려면 이 잘못된 신앙에서 과감히 탈피하고 세계인들이 주목할 수 있도록 전통 메뉴를 새롭게 재해석하고 창조함으로써 고급스럽고 품격 있는 한식으로 거듭나야 한다. 바로 이것이 품격 있는 한식에게 제자리를 찾아주는 일일 것이다.

한국적인 것이 가장 세계적인 것

『문화전쟁』, 윤재근, 1996

지난 2021년 방영된 황동혁 감독의 넷플릭스 스릴러 드라마 〈오징어 게임〉은 국내는 물론 전 세계 안방극장에서 대히트한 수작이다. 456억 원의 상금이 걸린 서바이벌 게임에 참가한 이들이 여섯 개의 게임을 통과하고 최후의 승자가 되기 위한 죽음의 게임을 다룬 드라마에 전 세계인들이 열광했던 이유는 과연 뭘까?

〈오징어 게임〉은 투자 실패자, 이혼 실직자, 건달, 채무자, 외국인 노동자, 탈북자, 노숙자 노인 등 이른바 '루저'들이 벌이는 이전투구와 피비린내 나는 목숨 경쟁을 통해 우리 사회의 어두운 그늘을 적확히 묘사했지만, 이는 비단 우리만의 문제는 아니었다. 전 세계 자본주의 국가들의 보편적 이야기이기도 했다.

지구촌 공통의 보편적 주제를 다루면서 우리의 고유한 정서와 소재를 빌린 스토리텔링으로 히트 상품을 만든 좋은 사례라고 할 수 있다. 드라마의 주요 소재인 딱지치기, 구슬치기, 달고나 게임, 줄다리기, '무궁화꽃이 피었습니다' 등 우리나라의 어린이 게임은 지구촌 시청자들에게 이국적 흥미를 불러일으켰고 한국문화에 관한 높은 관심을 끌어냈다.

〈오징어 게임〉뿐만이 아니다. 가수 싸이의 '말춤'이나 영화 〈기생

충〉 등 최근 K-콘텐츠의 활약은 말 그대로 세대와 국경을 뛰어넘어 엄청난 돌풍을 만들고 있다. 가장 한국적인 것이 세계적 소구력(訴求力)을 갖고 있음을 여실히 증명하는 예일 것이다.

이렇듯 콘텐츠 상품이 흥행하면 그 상품 안에 내재한 한 국가 혹은 사회의 문화적 요소들이 함께 통용되고 소비되게 마련이다. 이는 음식도 마찬가지다.

21세기는 문화전쟁의 시대, '한국적인 것'의 의미를 찾아라

금세기 글로벌 경쟁은 문화전쟁의 양상을 띨 것이라는 게 대부분 전문가의 일치된 의견이다. 앞으로 세계 시장은 각국 문화상품의 각축장이라는 의미이다. 앞에서 언급한 〈오징어 게임〉을 비롯한 한류 드라마와 영화 등 콘텐츠 산업부터 자동차, 가전, 미용, 음식에 이르기까지 제품뿐만 아니라 제품 안에 녹아든 문화적 상징과 정신까지 판매하게 되는 것이다.

비근한 예를 들어보자. 미국에서 들어온 햄버거는 우리 일상생활에서 이미 대중적인 기호식품으로 자리 잡은 대표적인 먹거리이다. 그런데 햄버거를 먹는 행위에는 단지 음식을 먹는다는 의미를 넘어서 미국의 고유문화를 향유한다는 의미까지 내포하고 있다.

햄버거를 파는 매장 안에는 온통 미국문화를 상징하는 장식과 음악, 분위기를 느낄 수 있도록 치장했다. 햄버거 판매 매장 안에 진입하는 순간 우리는 미국문화 속으로 빠져들어 가게 된다. 서부

개척 시절의 카우보이가 입었던 진을 입은 채 햄버거를 한 입 깨물어 미국적인 맛을 음미하는 동시에 귀로는 미국의 록 음악에 젖어 든다. 이렇듯 햄버거를 먹는다는 것은, 식사 한 끼를 때운다는 의미보다 미국문화 자체를 소비한다는 측면에서 더 상징적인 행위로 생각해 볼 수 있다.

앞에서 예시한 〈오징어 게임〉을 보는 것 역시 콘텐츠의 재미와 쾌락을 위한 드라마 시청이라는 일차적 행위보다는 한국문화의 종합 세트를 온몸으로 체험하는 과정이라고 할 수 있다.

문학평론가이기도 한 前 한양대 국문과 교수 윤재근 선생은 『문화전쟁』에서 "21세기 문화전쟁은 문화교류 대신 문화무역으로 양상이 바뀔 것"이라고 했다. 이는 문화 역량이 곧 경제역량과 상통한다는 걸 의미한다. 그래서 "경제전쟁의 본질이 소비 시장의 확대를 추구하는 것처럼, 문화전쟁 역시 타문화에 침투해 타문화를 소비 시장화하려는 전략을 구사한다"라는 문장에 절로 머리가 끄덕여질 수밖에 없다.

지난 시대에는 군사력과 경제력이 강대국을 판단하는 기준이 되었으나 이제는 상황이 달라졌다. 군사적 힘은 일시적이고 와해하기 쉬우며 경제력도 크게 다르지 않다. 그렇지만 문화의 힘은 강하고 오래 이어지며 파급 효과가 엄청나게 크다. 그렇기에 이제는 과거와 달리 문화 강국이 진정한 강대국으로 인정받는 시대가 되었다.

이런 판국에 우리 문화를 장려하고 타 문화권에 영향력을 가질 수 있도록 키우지 않으면 부지불식간에 우리는 다른 나라 문화에 잠식당할 수밖에 없다. 우리 문화를 외면하는 자리에는 항상 다른 문화가 들어와 그 자리를 차지하게 마련이다. 문화란 '제로섬 게임'과도 같기 때문이다.

또한 윤재근 선생에 의하면 전통적으로 동양의 교육이 구미권의 이론과 지식을 전수하는 데 급급한 나머지 주입식 교육에서 벗어나고 있지 못한 반면, 서양 문화권의 교육은 개인의 창의력을 계발하고 이를 사회적 통합형으로 끌어낼 수 있는 사회교육 제도를 강화해왔다. 서양 문화권은 이미 정보화 사회의 체질화를 가능케 하는 창의적 교육에서 이미 앞섰다는 얘기다. 이른바 창조적 교육과 모방적 교육 가운데 21세기 정보화 사회에서 생산성을 끌어올리고 가치를 창출할 수 있는 것이 무엇인지는 자명하다.

이와 관련해 그는 "창조 정신을 발휘하지 못하고 모방에 머무르는 문화는 소비문화로 전락한다. 언제나 문화의 모방은 자문화를 타문화에 종속시키는 요인으로 작용하기 때문이다. 타문화의 모방은 결국 타문화를 존중하고 자문화를 비하하는 문화 사대의 오류를 초래한다."라고 꼬집었다.

우리 문화 속, 이전 세대들의 콘텐츠들이 서구문화에 영향을 받거나 모방 범주에 그친 결과물임에 반해 최근 지구촌에서 주목받는 K-콘텐츠들은 창조성에 기반을 둔 결과물이라는 사실을 떠올려보면 왜 지금 우리 것들이 각광을 받고 있는지 이해가 간다.

작금 우리 콘텐츠의 활약은 일면 우리 문화의 우수성과 가능성을 확인한 것일 뿐만 아니라 세계 시장에서 시장성을 확보할 수 있는 경제적 교두보까지 얻었다는 측면에서 바람직한 현상이라 아니할 수 없다. 최근 한류 콘텐츠의 약진은 21세기 문화전쟁의 국면에서 '한국적인 것'이 세계 시장에 경쟁력을 갖고 있다는 사실을 다시 한번 환기해 주고 있다.

한식, 한국 문화 세계화의 매력적인 한 획

21세기 문화전쟁 시대에 '한국적인 것이 가장 세계적인 것'이라는 등식을 성립하게 하려면 무엇보다 창조적 사고와 정신이 필요하다. 그리고 그 힘으로 우리는 일정한 성취를 얻기도 했다. 그러나 한식으로 눈을 돌리면 아직도 채워지지 않는 허기를 느끼지 않을 수 없다.

나는 K-콘텐츠의 뒤를 이어 한식이 충분히 한국 문화 세계화의 한 획을 그을 만한 잠재적 가능성이 크다고 믿는다. 우리 음식 문화는 엄청난 부가가치를 창출할 만한 요소가 많기 때문이다. 요리와 식자재의 생산과 소비는 물론 물류, 관광, 환경, 콘텐츠 등 관련 산업 전반에 말할 수 없는 엄청난 파급 효과를 가져올 수 있다.

그러기 위해서는 창의적 방식으로 우리의 문화가 스며있는 한식 메뉴를 개발하고 세계인들이 총체적인 우리의 음식 문화를 누릴 수 있도록 해야 한다. 쉽게 말해 음식이든, 도자기든, 콘텐츠든 간에 전 세계에 내다 팔 수 있을 정도로 품격 있고 수준 높은 상품이 되게 하려면 하나만 갖고 되는 것이 아니라 우리 문화를 '세트'화해서 팔아야 한다는 말이다.

음식 메뉴와 음식 문화는 질적으로 다른 차원의 문제다. 음식 하나하나는 우리가 전통적으로 즐겨온 한식이지만 포장과 그릇, 식당 분위기, 소품, 종업원 서빙 방식, 상차림 등 총체적인 음식

문화 속에서 개별적인 음식 메뉴는 일부분에 불과하다. 즉 개별 음식의 메뉴가 한 그루의 나무라면 음식 문화는 개별 나무들이 모여 이룬 숲이라고 할 수 있다.

자국 음식 문화에 대해 성공적으로 국제 경쟁력을 끌어낸 국가로 일본을 꼽을 수 있다. 해안가 뱃사람들이 팔고 남은 생선으로 한 끼니 때우기 위해 주먹밥으로 만들어 먹은 것이 효시가 된 스시는 오늘날 세계 최고의 고급 요리로 변신했다. 사시미 역시 마찬가지이다. 처음에는 생선을 날로 먹는다는 것에 혐오감을 느낀 서양인들이 많았을 것이다. 그런데 지금은 서양인들이 즐겨 찾는 고급 요리가 되었다.

날것을 먹는 문화에 관대하지 않았던 서양인들의 인식을 일본인들은 어떻게 바꿨을까? 정성을 들이고 미각화한 음식 자체에 더해 그들은 일본의 문화를 한 세트로 보여줌으로써 일본 음식에 대한 거부감을 상쇄했다.

일본문화의 본질적 성격처럼, 스시와 사시미를 간결하고 정갈하게 세팅하고 또 생선 고유의 맛을 제대로 느끼게 먹는 순서라든가 식간에 생강 등 입맛을 정갈하게 하는 보조 음식을 먹게 하는 등 섬세한 식사법도 일본 음식의 세계화에 한몫했던 요소였다. 음식을 담아낸 식기, 다다미방 같은 일본문화의 정점을 보여주는 실내 장식, 세계적 명성의 일본화에 곁들여지는 일본 전통음악 등 모든 것이 어우러지면 한 끼 식사가 아닌 품격 있는 문화 행위로 다가올 것이다. 이는 미각과 더불어 시청각, 후각을 충족시키는 수준 높은 문화 체험으로 손색이 없다.

일본도 할 수 있는데 왜 우리라고 하지 못하는가. 우리의 관심과 신경을 집중하면 못할 것이 없다고 나는 생각한다. 이미 여러 분야에서 '한국적인 것'이 가장 '세계적인 것'이 될 수 있음을 증명했다. 한식의 세계화는 이미 우리가 가진 식문화를 바탕으로 재창조하는 것일 뿐이다. 충분히 가능한 일이고 성공할 확률도 높다고 나는 확신한다.

국가 브랜드 가치를 창출하기 위한 위대한 여정

『다시, 국가를 생각하다』, 토드 부클홀츠, 2017

인류 역사상 가장 빨리 선진국이 된 대한민국, 하지만

"우리는 아랍과의 전쟁에서 '최종 병기'를 지니고 있다. 그것은 바로 '지면 끝장'이라는 절박함이다."

중동 갈등이 심했던 1970년대에 이스라엘 국민에게 던진 골다 메이어 총리의 외침이다. 그는 이스라엘 최초이자 유일한 여성 총리를 지냈던 여걸이었다. 세계의 화약고라 불리던 중동지역에서 이스라엘을 지탱하는 힘으로 작용했던 것은, 메이어 총리의 말처럼, 바로 그 절박감이었다. 절박감은 이스라엘 국민 저마다의 가슴에 비장한 결기와 변화를 끌어내며 중동전쟁에서 승리할 수 있는 요인으로 작용했다.

해방 공간의 혼란을 거쳐 한국전쟁의 폐허를 겪으며 전 세계에서 가장 가난한 나라로 전락했던 대한민국이 단시일 내에 세계 10위권의 경제 대국으로 발돋움한 사실은 참으로 꿈같은 일이다. 그처럼 우리나라가 한강의 기적을 일궈낸 것도 동족상잔의 비극과 그로 인한 분단, 지독한 배고픔이라는 고통을 하루라도 빨리 벗어나야 한다는 절박한 심정에서 비롯된 것일 테다. 전쟁에서 반드시 이겨야 한다는 이스라엘의 절박감은 배고픔의 설움을 이겨내고자 한 우리의 절박감과 맥이 닿아 있다고 하겠다.

그러나 샴페인을 너무 일찍 터뜨린 것이 문제였을까? 경제적으로 여유가 생기고 조금 잘살게 되었다고 방만했기 때문이었을까? 우리 경제는 70~80년대 급격한 성장을 이룬 이후 IMF와 금융위기 그리고 지속적인 장기 인플레이션이 이어지며 많은 위기를 겪어야 했다.

다행히도 크고 작은 어려움을 지혜롭게 극복해낸 우리나라는 지난 2021년 7월 제68차 유엔무역개발회의(UNCTAD) 무역개발이사회 폐막 세션에서 회원국 만장일치로 그룹A(아시아아프리카)에서 그룹B(선진국)로 변경되면서 선진국 지위를 얻게 되었다. 인류 역사상 가장 빨리 선진국 반열에 오른 국가가 된 것이다.

이렇게 대한민국이 눈부신 발전을 이룰 수 있었던 것은 자동차를 비롯해 반도체, 코스메틱 등 우리가 잘할 수 있는 산업들을 성장의 동력으로 삼았기 때문이며 앞으로도 이를 기반으로 해서 우리 경제를 탄탄하게 다져나가야 한다.

하지만 그렇다고 안심해야 할 상황은 아니다. 전통적으로 수출에 의존해 먹거리를 창출했던 우리나라는 다른 나라에 대한 의존도가 높으면 높을수록 잠재적 위험도도 증가할 수밖에 없다. 무한 경쟁 시대에 앞으로도 수출로만 잘 먹고 잘살 것이라는 보장이 없다는 얘기다.

오랫동안 우리나라의 성장동력이었던 자동차, 선박 등 제조 분야는 인도, 브라질, 중국 같은 신흥 경제국들에 맹렬히 추격을 받고 있으며 일부는 이미 뒤처지기 시작했다. 더 심각한 것은 우리 경제를 지탱해

온 주력 산업의 미래가 불투명한 가운데 이를 대체하거나 받쳐줄 미래 성장 동력을 찾지 못하고 있다는 현실이다.

위기를 벗어날 모멘텀을 만들어야 한다

급격한 성공과 발전은 동전의 양면처럼 극단의 실패를 맛보게 했다. 지난 70년간 우리나라의 초고속 성장 이면에는 양극화를 비롯해 저성장과 역성장, 지역주의와 사회 분열, 극단적 개인주의, 급격한 출산율 저하, 기후 변화와 환경문제에 대한 미온적 대처 등 다양한 병폐들이 독버섯처럼 자라났다. 선진국이라는 타이틀을 획득했지만 이런 병폐들로 인해 2025년의 대한민국은 위기 아닌 위기에 직면해 있다는 게 전문가들의 공통된 시각이다.

가장 큰 문제는 위에서 잠깐 언급한 경제 불안정성이다. 아직도 수출에 크게 의존하고 있는 대한민국 경제는 상대적으로 글로벌 경제 상황에 민감할 수밖에 없다. 우리나라 경제에 가장 큰 변수는 세계 경제의 불안정성이며 이를 극복하기 위해서는 기술 혁신과 산업 구조의 변화를 통해 새로운 경제 모델을 만들어야 한다는, 2023년 한국개발연구원(KDI)의 분석 결과는 우리에게 의미심장한 시사점을 던져준다.

새로운 경제 모델은 물론, 제4차 산업혁명에 대비하는 것이 주이지만 세계 경영학 분야의 3대 대가 중 한 명인 톰 피터스가 강조했던 서비스 경제 체제도 집중해 볼 필요가 있다.

기후 변화에 적절히 대응하지 못하고 있는 현실도 우리나라의 위기 상황을 악화시키는 요인일 것이다. 기후 변화 문제는 국가를 막론하고 현대 사회가 직면한 가장 크고 심각한 도전 가운데 하나이다. 지난 2020년 국제기후변화연구소의 보고서에 따르면, 대한민국은 온실가스 배출량에 있어 세계 상위 국가 중 하나이며 탄소중립 정책의 시행이 시급한 것으로 드러났다. 이는 우리가 기존의 제조산업 위주의 경제정책에서 탈피해야 함을 시사하는 사례이다.

소득 불균형으로 인한 경제적 양극화, 세대와 지역 등 사회적 갈등의 심화도 우리나라의 위기를 불러오게 될 주요한 요인이라고 할 수 있다. 이를 극복하기 위해서는 공정한 기회 제공과 사회 통합을 위한 노력이 필요하다.

더불어 세계에서 가장 빠르게 고령화가 진행되는 우리나라의 현실도 비관적이다. 통계청 자료에 따르면, 합계출산율은 2018년 최초로 1명 아래로 떨어진 이래 지속해서 낮아지는 추세이며, 2023년에는 약 0.72명으로 역대 최저치를 기록했고, 2024년에는 0.75명으로 소폭 반등했다. 인구 감소와 고령화는 노동력의 부족, 경제 성장의 둔화, 사회복지 비용 부담의 증가 등 많은 문제를 초래한다.

미국의 경제학자 토드 부크홀츠는 저서 『다시, 국가를 생각하다』에서 이런 국가적 위기 상황을 국가 경쟁력의 원천이자 혁신의 기회로 전환해야 한다고 강조한다. 그는 출산율의 저하, 국제 교역 확대, 부채 상승, 근로 윤리 약화, 애국심의 소멸 등 다섯 가지 요인으로 경제적 번영을 누린 국가들이 이후 쇠락의 길을 가게 되는 직접적 원인이라고 꼬집는다.

앞에서 내가 지적한, 높은 수출 의존도는 국제 교역 확대와 부채 상승이라는 결과로, 경제 양극화와 사회적 갈등은 근로 윤리 약화의 원인으로 치환해 본다면 토드 부크홀츠의 진단은, 놀랍게도 내 생각과 거의 맞아떨어진다.

번영을 경험한 국가들이 위기에 빠져 해체되는 과정을 보여주며 "부유한 나라가 강한 것이 아니라, 부활하는 나라가 강한 것이다!"라고 외치는 부크홀츠는 강력한 지도자의 리더십과 통찰력을 역설하지만, 나는 그의 책에서 집단적 인식 변화의 필요성을 발견한다. 이른바 '코페르니쿠스적 전회(轉回)'이다.

불세출의 철학자인 임마누엘 칸트가 처음 썼던 이 관용구는, 16세기 중반 당시까지 1,000년이나 지속됐던 천동설을 지동설로 바꾼 혁명적 발상을 보여줬던 코페르니쿠스 혁명을 가리킨다. 이는 인류를 단단히 감싸고 있던 자기중심적 발상을 과감히 깨뜨린 인식 혁명의 진화였다. 그 정도의 과감하고 혁신적인 인식 변화 없이는 우리나라가 처한 위기 상황을 극복해 낼 수 없다는 뜻이다.

미래 국가 브랜드 가치, 한식에서 찾아라

우리 경제의 위기를 극복하고 대한민국이 다시 번영으로 나아가기 위한 획기적 인식의 변화는 이처럼 '코페르니쿠스적 전회'로만 가능하다. 지금까지의 가치 판단과 견해, 사고방식 등 패러다임을 전면적으로 변화해야 한다는 뜻이다.

나는 작금의 대한민국 위기 특히 경제 불안정성에 따른 위기를 극복할 수 있는 가장 좋은 산업이 한식 산업이라고 확신한다. 특히 글로벌 문화전쟁의 시대인 오늘날, 전 세계적인 열풍을 일으키고 있는 K-팝으로 한국인과 한국문화의 우수성을 증명하고 있는 상황은 한식의 가치와 가능성을 찾기에 더없이 좋은 환경이라고 할 수 있다. 고급 한식을 통해 품격 있는 한국과 한국의 문화를 알린다면 우리나라의 국가 브랜드도 함께 상승할 수 있다.

대한민국은 경제협력개발기구(OECD) 회원국이자 세계 10위권의 경제 대국으로 성장했지만, 그에 걸맞은 국가 브랜드를 갖추고 있는지 의심이 들 때가 많았다. 이미 오래전부터 시작된 음식 전쟁은 21세기 들어 더 치열해지고 규모도 상상을 초월할 정도로 확대되는 중이다. 나는 우리 경제의 위기를 극복할 돌파구를 한식 산업에서 찾아야 한다고 생각한다.

그렇지만 내 관점에서 오늘의 현실은 아직도 성에 차지 않음을 고백하지 않을 수 없다. 지난 30여 년간, 음식이 엄청난 부가가치를 끌어내는 미래의 문화산업이라는 인식과 함께 한식의 가능성을 믿고 '한식 세계화'에 투신했으나 갈 길은 멀기만 하다.

한때 '한식 세계화'가 이슈화되고 정부가 한식 세계화를 대대적으로 추진하며 바람이 막 불기 시작할 때 기대감이 컸지만, 정부는 치적 쌓는 데만 급급했었다. 민간 차원의 혁신을 일으킬 수 있는 성장 잠재력이 크다는 평가 속에서도 역량을 끌어올리지 못한 채 눈에 띄는 성과를 올리지 못했던 것이 사실이었다.

한국 전통 도자기를 훌륭하게 재현한 광주요 1세대 제품들

광주요는 우리 도자기 문화를 부흥하려는 의도로 출발했다. 광주요 1세대 작품들

정부는 물론 식품 기업을 중심으로 백방의 노력이 이어져 왔으나 진정한 한식의 세계화는 요원했었다. 특히 손맛으로 대표되는 한식의 우수함과 가치의 홍보는 엄청난 투자를 통해 시도되었지만, 현지인의 입맛에 맞는 한식의 적절한 변형과 업그레이드는 이뤄지지 않았다.

그렇게 많은 시간을 우리는 허송세월로 보냈고 나는 '밑 빠진 독에 물 붓는' 심정으로 가산을 털어 무모한 투자를 계속 이어왔다. 이런 나의 노력이 가상했는지, 아니면 그나마 한식의 가능성을 발견하고 인식의 변화를 가져온 것인지는 몰라도 나와 뜻을 같이하고 응원해주는 도반들이 하나둘씩 늘어났다.

그런 상황에서 뒤늦게라도 정부가 한식 세계화를 위해 발 벗고 나선 점은 다행이라 생각한다. 정부가 2024년 2월 밝힌 '한식 산업

글로벌 경쟁력 강화 전략'에 따르면, 2021년 152조 원 수준이었던 한식 산업 규모를 오는 2027년 300조 원 규모로 키우기로 했다. 해외 한식당은 1만 5,000개로 늘리고 미쉐린급 '스타 한식당'은 100개를 육성해 품격 있는 한식 문화를 알린다는 방침이다.

이 전략에는 한식 산업 인프라 강화를 위해 인력 전문성을 높이고, 한류 열풍을 활용한 콘텐츠 육성과 한식 레시피 정밀화 및 디지털화, 한식의 가치 확산 목적의 브랜드 키워드 도출, 한식 산업 생태계 확장 등이 포함됐다. 이를 통해 한식 산업이 K-문화 열풍에 힘입어 글로벌 미식 메가 트렌드를 주도할 산업으로 자리매김하겠다는 것이다. 그동안 경험했던 바로 정부를 믿지는 않는다. 다만 정부의 이런 전략이 단지 공염불에 그치지 않기를 바랄 뿐이다.

2장

뿌리

나 자신에 이르는 길

『데미안』, 헤르만 헤세, 1919

'내 속에서 솟아 나오려는 것,
바로 그것을 나는 살아보려고 했다.
왜 그것이 그토록 어려웠을까.'

헤르만 헤세, 『데미안』에서

한 사람, 한 사람의 삶은 각각의 우주를 만드는 과정이라고 해도 틀린 말이 아니다. 헤세는 그것을 '자기 자신에게 이르는 길'이라고 표현했다. 일회적이고 아주 특별하며 각자에게 단 한 차례만 주어지는 한평생을 통해 인간은 누구든 자신의 이야기를 자기만의 방식으로 빚어간다. '우리는 모두 같은 협곡에서' 나왔으나 그렇게 '각자가 자기 나름의 목표를 향하여 노력'하는 존재들이다.

그러나 일찍이 그 누구도 완전한 자신이 되어본 적이 없고, 누구라도 자신이 아닌 적이 없다. 완성을 향해 질주하지만, 질주 그 자체로 완결성의 의미를 지니는 존재. 어쩌면 모순된 말처럼 들리지만, 그만큼 우리 인생이 불가사의하고 신비하다는 뜻일 것이다.

이 세상의 모든 인생은 불완전하지만, 일어났던 사건이나 무대와 관계없이 고유의 가치를 갖는 법이다. 한 인간의 일평생이 거대한 우주의 운행과 섭리만큼이나 장엄한 여정일 수밖에 없는 이유다.

미즈사시 도자기와 아버지, 운명의 전령이었던 어머니

따사로운 볕이 창을 통해 스며들었다. 낡은 어둠이 물러난 자리마다 채워지는 손바닥만 한 조양(朝陽)에 나는 눈이 부셨다. 기억이 잘 나지는 않지만 나는 먼지투성이의 좁고 자그마한 공간에서 뛰어놀고 있었다. 아버지의 작업장이었다. 그곳에는 다양한 공구들은 물론이고 다양한 종류의 지역 특산품과 도자기를 비롯해 온갖 장식품들로 가득했다.

작업대 위에는 차 도구의 하나로 물을 담는 그릇인 미즈사시 도자기가 놓여 있었는데 나는 실수로 그만 그 도자기를 손으로 밀어뜨렸다. 아버지가 당신 손으로 직접 만드신 자기로 기억된다. 와장창, 하는 소리와 함께 도자기가 떨어지며 산산조각이 났다. 잘은 몰랐으나 아버지가 무척 아끼셨던 도자기였을 것이다. 평소 아버지는 그 작업실 안에 들어가셔서 지내는 일이 많았고 그 안에 있던 물품들을 소중히 여기셨던 것이다.

나는 두려웠고 아버지께 꾸중을 들을까 봐 무서워 엉엉 울었다. 그러나 출타하셨다 집에 돌아온 아버지는 화를 내지 않으셨다. 내가 놀라거나 다치지는 않았는지 오히려 근심 어린 얼굴로 염려하셨다. 그날의 기억, 그때 느꼈던 놀라움과 두려움의 질감을 또렷하게 기억하고 있다.

유년 시절 나의 가장 오래된 기억이 아마도 그날이 아닐까 싶다. 너무나 오래된 기억이기에 아버지의 작업실이라는 공간도 머릿속에 흐릿하게 나마 남아 있다. 지금 기억으로는 내가 깨뜨렸던 것이 미즈사시 도자기였다고 생각되지만, 정말로 도자기였는지, 도자기였다면 어떤 종류의 자기였는지, 그도 저도 아니면 지금의 내가 상상도 하지 못할 무엇이었는지도 사실 확신할 수 없다. 단 그때의 일이 화인(火印)처럼 내 기억 속에 강렬하게 남아 있는 이유는 다른 쪽에 있었던 것이다.

평소 과묵하시고 내게는 필요한 말씀만 하시던 아버지였기에 유독 그날의 아버지는 내게 무척 낯설게 느껴졌다. 마치 봄날의 아지랑이처럼 지금도 머릿속에 가끔 아른거리는 그때의 기억은, 나를 아끼고 사랑하셨으나 쉽사리 마음을 내비치진 않으셨던 아버지의 성정을 지금껏 내가 애틋한 심정으로 간직하게 했던 계기로 작용했던 것 같다.

일본을 오가며 장사를 하셨기에 집을 자주 비울 수밖에 없으셨던 아버지와는 달리 어머니는 내 유년의 삶을 온전하게 지배했던 유일한 세계였다. 6남매의 막내로 태어났기에 나는 유독 어머니의 사랑을 독차지했었다. 어머니는 부산에서 몇 대의 고기잡이 어선을 갖고 운용하셨을 정도로 부유하셨다.

어머니는 유년 시절의 안락한 가정과 그 울타리 안에서의 행복, 행복감을 전적으로 내게 느끼게 해준 분이었다. 부모 잘 만나 부족함 없던 어린 시기를 보낸 탓에 물불 가리지 못하고 천방지축이던 사춘기 시절에도 혹여 잘못되지는 않을까, 엇나가지 않을까 노심초사하면서도 엄하고 격조 있게 나를 가르치셨던 분이 어머니였다. 1988년 아버지가 갑작스럽게 돌아가시면서 선친이 일궈 놓은 가업을 잇게 된 것도 어머니의 간곡한 권유 때문이었다. 그처럼 어머니는 내 운명의 전령이자, 내 삶의 이정표 같은 분이었다.

아버지와 어머니 두 분이 젊은 시기를 사셨던 시대는 대한민국 격동의 역사가 펼쳐진 때였다. 일제강점기를 거쳐 해방 공간의 이데올로기 대립과 그로 인한 사회적 혼란, 지독한 배고픔과 먹고살기 위해 늘 분주했던 어른들과 그런 어른들이 만들어 놓은 세상은 늘 우중충한 영상을 가진 무채색의 세상이었다.

그런 팍팍한 시대에 나는 세상과 인연을 맺었다. 1948년 8월 22일, 나는 부산에서 출생했다. 꼭 같은 시기가 아니더라도 비슷한 시대, 어슷하게 가까운 시간을 유년 시절로 함께한 이들은 같은 유산을 공유하는 법이다. 내게는 전쟁과 가난, 혼란스러운 사회가 그것이었다.

그렇지만 남들보다 조금 더 유복한 집안에서 태어나고 자란 탓인지 나는 그 시절 대부분 춥고 배고팠던 또래보다 생각과 행동이 더 자유분방한 쪽이었다. 그래서인지 남에게 베풀거나 나눌 줄 아는 마음과 배려심, 현실을 낙관적으로 생각할 줄 아는 넉넉함을 태생부터 갖고 있었던 것 같다.

두 세계

머리가 커 가면서 나는 나를 둘러싼 세계에 조금씩 눈을 떠 갔다. 물론 "인생에서 좋은 추억만큼 고귀하고 강하며 유익하고 유용한 것은 없다는 사실을 기억하라."라는 도스토옙스키의 말처럼, 부모님과 함께한 따스했던 유년 시절의 기억은 이후 내 삶의 질 좋은 자양분이 되었다.

그러나 누구든 유년 시절의 안온함에서 빠져나와 더 넓은 세상의 모진 비바람과 마주해야 할 때가 있다는 사실을 깨닫게 되는 시점이 있다. 아버지와 어머니 곁에서 누렸던 안정감, 가족이라는 따스한 울타리의 포근함에서 한 발짝 나아갔을 때, 그때부터 진짜 인생이 시작되는 것이다.

유년 시절 어머니와의 즐거운 시간

당신이 아끼시던 미즈사시 도자기를 깨뜨렸을 때 꾸중보다는 아들의 상심과 두려움을 더 걱정하신 아버지의 애틋한 마음, 막내아들이 더 훌륭한 인간으로 자라길 바라며 늘 노심초사했던 어머니의 한없는 사랑은, 집 문밖을 나섰을 때부터 잊어야 한다.

헤세가 『데미안』에서 제시한 두 세계는 본질적으로 선과 악을 상징하는 세계지만, 나는 조금 다르게 생각했다. 품위 있고 격조 있는 집안에서 부모의 사랑을 받는 싱클레어는 조화로움과 밝음의 세계에 살고 있으나 세상이 다 그렇지만은 않다. 자신이 속한 곳과는 다른 세계, 악과 어둠의 세계에 관한 관심과 추구는 싱클레어의 또 다른 내면의 얼굴이었다.

인간은 성장과 성숙을 위해 유아기적 생각의 틀과 행동을 벗어나야 한다. 집과 아버지, 종교와 도덕 등 기존 규범의 틀에서 벗어나 더 넓은 세상으로 나아가길 바라는 것은, 성장하는 인간의 전형이기 때문이다. 그것은 선과 악의 구분된 두 세계라기보다는 미숙에서 성숙으로 나아가는 성장의 서사를 지닌 것이었다.

유년의 시기를 막 벗어나면서 나도 통과의례처럼 세상을 배워 나갔다. 내 의지로 그러려고 그랬던 게 아니라 자연스럽게 그렇게 되었다. 나에게 두 세계는 선과 악처럼 상호 배척되거나 이율배반적인 관계가 아니라 내 내면의 성장을 이끄는 상호 보완적 관계였던 것이다. 크로머에게 시달림을 당하는 경험을 통해 싱클레어는 유년의 정돈된 평화가 깨지는 듯 느껴지지만, 또 다른 낯선 세계의 고통스러운 체험으로부터 인생에 대한 인식과 성장은 시작된다.

부산에서 초등학교를 졸업하자마자 나는 서울로 올라와 경기중학교에 전학했다. 당시 형과 누나가 서울에서 학교에 다니고 있었는데 어머니는 나의 미래를 생각하시고는 서울로 유학을 보낸 것이다. 그런데 크로머의 세계로 빠져든 싱클레어처럼 나도 모르게 어둠의 세계에 발을 들이게 되었다. 자유분방했던 성격 탓이었을까 아니면 그런 환경에 놓이게 됐던 운명의 힘이었을까. 경기중학교에는 좋은 친구도 많았으나 크로머의 세계에 걸맞은 친구도 적지 않았다.

그런 친구들과 사귀며 나는 어린 나이에 술과 담배, 어두운 세계의 것들을 배웠고 즐겼다. 그 시절 청소년들에게는 어울리지 않을 음악 감상실 같은 곳을 들락거리기도 했다. 그렇게 부모님께서 내게 원하셨던 공부와는 일정한 거리를 두며 담을 쌓았다.

그렇다고 그런 행동을 했던 것은 내 천성이 악하거나 나빠서가 아니었다. 부모님으로부터 물려받은 내 성향이 그저 자유분방했기 때문이었을 뿐이다. 남들보다 먼저 성장통을 겪었던 것일지도 모른다. 당시 내 체험들에 대해 나의 친구들은 한결같이 소설 같다는 얘기를 자주 하곤 했다.

그 시절 내가 겪은 체험들은 이 세상의 모든 규격화한 규범들 즉 통념들을 깨뜨리며 다르게 세상을 볼 수 있는 힘을 길러줬다.

더불어 일찍이 어른스러워지는 동시에 조숙해졌던 것이라고 나는 굳게 믿고 있다. 당시에는 깨닫지 못했으나 시간이 흐르고 현재의 내 모습으로 흘러온 내 삶의 여정을 거슬러 올라가면, 그 시절 내 방황과 성장통이 왜 필요했는지를 아주 잘 깨달을 수 있었다.

다행인 것은 그때 그렇게 자유로운 영혼을 가졌던 아이 옆에 엇나가지 않도록 늘 붙잡아 주셨던 어머니가 계셨다는 사실이다.

나는 어릴 적부터 자유로운 영혼을 갖고 있었다

자유분방한 행동들로 나는 어머니 속을 썩여 드렸고 눈물을 흘리시게 했지만, 그나마 그 당시 어머니께 배운 것들이 지금의 나를 만들었다.

형제 중 제일 아픈 손가락이었던 나를 위해 희생하고 헌신하신 모습, 남에게 늘 베푸는 마음 그리고 인간을 대하는 진지하고도 겸허한 자세는, 내게 물려준 존경하는 어머니의 큰 유산이었다.

새는 알을 깨고 나온다

『데미안』, 헤르만 헤세, 1919

'새는 알에서 나오려고 투쟁한다.
알은 세계이다.
태어나려는 자는 하나의 세계를 깨뜨려야 한다.'

헤르만 헤세, 『데미안』에서

성숙한 인생에 이르기 위해서는 누구나 그렇듯 여러 단계의 과정을 필연적으로 거쳐야 한다. 부모와 가족이라는 울타리 안에서의 유년 시절, 그 안정감과 안락함 안에만 계속 머물고 있다면 그 인생은 더는 발전과 성장을 멈춘 미숙한 상태에 남겨질 것이다.

인간은 그 과정이 고통스럽고 불편하겠지만, 울타리 밖의 세계를 늘 동경하고 도전하는 가운데 커 가고 성장한다. 미숙했던 시절의 사고와 인식이 깨지는 고통스러운 체험으로부터 세계를 바라보는 시각이 변화하고 익어가는 것이다. 시쳇말로 철이 든다는 것, 어른이 되어간다는 것이 그런 과정이라고 할 수 있다.

나이를 먹어 갈수록, 머리가 커질수록 기존의 규범과 사고의 틀을 깨뜨리고 새롭게, 다르게 볼 수 있는 자신의 눈을 키우는 동시에 자신에게 주어진 운명으로부터 도망치거나 회피하지 않고 그 운명을 용감하게 받아들이는 것이다.

헤세 식으로 말하자면, 새가 알 속에서 벗어나 푸르른 창공을 날아가려면 반드시 껍데기를 깨고 나오려는 노력과 투쟁이 존재해야 한다. 차원 높은 세계로 나가려면 당연히 지금의 세계를 깨뜨려야 하는 법이다.

어쩔 수 없는 운명에 이끌려

내게도 그런 인생의 과정이 운명처럼 기다리고 있었다. 서울에서의 자유분방했던 중학교 생활은, 나를 만들어 간 중요한 과정 중 하나였다. 중학교 시절 거친 친구들과 만나고 술과 담배 등 어른들의 세계를 일찍 접하지 않았다면 일본으로 건너가 외국인 학교에 가는 일도 없었을 테고 미국 유학도 생각지 못했을 것이다.

다른 학생들과 엇비슷하게 한국에서 고등학교, 대학교를 진학해 유사한 과정을 거쳐 직장을 다니고 결혼을 해서 가정을 이루는 등 평범한 인생을 살았을 테니까 말이다. 그러니 나는 평범하지 않은, 어쩔 수 없는 운명에 이끌려 운명이 제시한 길로 이끌려 갔다고 해도 무방하다.

자유분방했던 중학교 생활로 인해 고등학교 진학에 실패했던 나는 어머니에 의해 일본으로 보내졌다. 당시 아버지는 일본에서 우리 전통 도자기 복원 사업에 전 재산을 쏟아붓고 계셨다. 평소 다도에 관심이 많으셨던 어머니가, 무역업을 하시던 중 여러 어려움에 부닥쳤던 아버지께 우리 전통 도자기 복원 사업을 권유하셨고 1963년 광주요를 창립하시면서 도자 사업에 본격적으로 뛰어들게 되었다.

일제강점기에 도쿄에서 생활하셨던 부모님은, 그때부터 일본 다도 문화를 접하고 자기(磁器)에 관심을 가지면서 조선의 도자기 세계에 눈을 뜨셨다. 아버지는 무역업에 종사하는 중에 일본 도예계의 명사인 시라이 다이고(白井大悟) 선생 문하에서 도자기 연구를 병행하기도 하셨다. 고려청자의 신비스럽고 우아한 빛깔에 감동했던 아버지는 한때 세계 최고 수준을 자랑했던 우리 도자 기술의 맥이 끊긴 것에 무척 안타까운 마음을 갖고 계셨다.

아버지는 손때가 묻은 한국 도자기에서 우리 민족의 얼을 발견했고 고향을 떠난 그것들이 타국에서 오히려 대접받는 아이러니한 현실에 개탄을 금치 못했다. 그리하여 우리 도자기 문화를 부흥시키려는 뜻에서 51세의 늦은 나이로 경기도 이천에 광주요를 세운 것이었다.

광주요는 형편이 좋은 상태에서 출발했던 것은 아니었다. 유년시절 부유했던 나의 가정은 국가에 의한 재산 몰수로 경제적 어려움에 빠져야 했고 설상가상으로 내가 고등학교 진학에 실패해 일본으로 건너가 일본 외국인 학교에 가야 했으니 당시 부모님의 심정은 이루 말할 것도 없이 참담했을 것이다.

어릴 때부터 부모님 특히 어머니의 사랑을 독차지하며 아무런 걱정 없이 자랐던 내게 닥친 첫 시련은 일본 외국인 학교에서 마주쳐야 했다. 내가 외국인 학교에 입학할 당시는 우리나라가 일제강점기의 족쇄에서 풀려난 지 20년도 되지 않은 때였다. 그렇기에 한국인에 대한 일본인들의 인식은 아직도 식민지 국민으로 하대하는 수준에서 크게 벗어나지 않은 상태였다. 그러니 일본에서의 내 고교 생활이 어땠는지는 굳이 표현하지 않아도 누구든 쉽게 짐작할 수 있을 것이다.

그러나 일본에서의 3년은 이후 내가 걸어가야 할 나만의 길을 더 단단하게 다지는 계기가 되었다. 십 대 후반의 한국인 학생이 일본 사회에서 감내해야 할 것들은, 아버지의 집 그 정돈된 평화를 벗어나 크로머의 세계 안에서 시달림을 당해야 했던 싱클레어의 형편과 크게 다르지 않았다. 중학교 시절의 것과는 또 다른 체험과 그로 인한 내면의 갈등, 세상 물정을 알아가는 과정은 괴롭고 고통스

일본 외국인 학교를 졸업하고 귀국한 직후 집에서

러웠지만, 내 인생에서는 어쩌면 매우 유익한 것이었는지도 모른다.

어쨌든 그렇게 3년이라는 세월을 일본에서 보내고 1966년 외국인학교를 졸업 후 나는 귀국했다. 비자 연장이 되지 않아 쫓기듯 한국에 들어와야 했던 것이다. 그리고 이제 막 철이 든 나는 다시 한번 연단(鍊鍛)의 과정을 거쳐야 했다. 어떻게 살아야 할지, 내 인생에 대한 숱한 고민 끝에 내린 해답으로 미국행을 결정했다.

알을 깨뜨리려는 혼신의 투쟁

일본에서 3년간의 힘겨운 고교 생활을 보낸 나는 1969년 6월,

미국 미주리주립대학교 유학 시절의 모습

미국 미주리주립대학교에 입학했다. 코 밑과 턱에는 수염이 웃자라 있었다. 나는 성인이 아닌, 어른이 되어 있었다.

전공은 공업경영학을 선택했다. 공업경영학은 지금의 산업공학과 비슷한 분야로, 효율적인 비용으로 높은 수준의 생산성을 유지하기 위해 공학의 원리와 과학적 경영기법을 생산기업에 적용하는 학문이었다. 인간과 자재, 설비의 통합된 여러 시스템을 설계하고 개선, 설정하는 공학적 경영을 추구하는 학문으로, 경영학 분야에서도 과학적 관리법을 다루는 학문이기도 해 나에게 매우 매력적으로 다가왔다.

이듬해 1월 드디어 학부 생활이 시작되었다. 고교 생활 중에 어떻게 살아가야 할지 계획하면서 영어의 필요성을 느껴 열심히 공부했으나 현지에서는 무용지물이었다. 영어가 전혀 귀에 들어오지 않았던 것이었다. 지는 것을, 죽는 것보다 싫어했던 성격이었던 나는 어떻게 언어 문제를 극복할 수 있을지 고민했다.

무조건 전공 서적을 달달 외웠다. 어렵고 버거운 일이었으나 죽기를 각오하고 하니 조금씩 강의가 귀에 들어오기 시작했다. 처음에는 한두 문장도 알아듣지 못했던 얼치기가 1년 반 만에 장학금을 받았던 사실을 떠올려보면 지금은 잘 기억은 나지 않지만, 얼마나 치열하게 공부했는지 짐작이 간다.

당시 부모님은 타의에 의해 재산을 거의 잃고 그나마 남아 있던 재산도 일본에서 전통 도자기 복원 사업에 쏟아붓고 계신 상황이었다. 그런 부모님께 손을 벌릴 수 있는 형편이 아니어서 나는 스스로 학비와 생활비를 벌어야 했다.

유년 시절 유복하게 자라고 이른 나이에 많은 경험을 하며 자유분방하게 살아왔던 터여서 내 손으로 돈을 버는 일은 쉽지 않았다. 나는 안온했던 어린 시절, 부모님의 울타리 안에서의 조화로운 세계를 깨뜨리고 '현실'이라는 엄연한 세계와 조우(遭遇)해야 했다.

수업이 비어 있는 시간에 돈 되는 일은 닥치는 대로 해 푼돈을 벌었다. 그러나 학비와 미국에서의 생활비로는 턱없이 부족했다. 어떻게 한 학기를 마쳤는지 정신없이 지내고 여름방학이 눈앞에 다가왔다. 다음 학기에 여유롭게 공부하려면 방학 동안에 목돈을 벌어야 했다.

같은 대학교의 한국인 선배가 방학 때마다 식당 웨이터로 큰돈을 벌어 학비를 마련한다는 얘기가 들렸다. 막연한 심정으로 선배를 찾아갔다. 그 선배는 식당에서 일할 생각이라면 버스 보이(busboy)를 하라고 했다. 버스 보이는 주로 손님이 식사를 마친 후 빈 접시를 치우고 새 접시를 세팅하는 일을 맡아 하는 웨이터의 보조였다.

버스 보이는 고정급 외에 웨이터가 받는 팁의 15% 정도를 받았다. 고정급이 있긴 했으나 아주 적은 금액이었다. 웨이터가 바쁠 때 버스 보이가 손님을 대할 때도 있어서 술과 음식에 대한 지식도 갖춰야 했다. 버스 보이는 웨이터가 되기 위해 거치는 과정이었기 때문이다.

운명이란 묘한 것이다. 지금 생각하면 내가 한식 세계화에 눈을 뜨고 그 한길로 가게 된 것은 이미 그 시절에 예정된 것인지도 모르겠다. 나는 운명을 두려워했고 동경하기도 했지만, 운명은 늘 내 위에서 나를 지긋한 눈으로 바라보고 있었다. 항상 운명은 나와 함께 있었던 것이었다.

대학의 첫 여름방학을 나는 시카고 미시간 호수 근처 레이크 쇼어 드라이브(Lake Shore Drive)의 홀리데이인 호텔 꼭대기 층에 위치한 '피나클'이라는 근사한 프랑스 식당에서 버스 보이로 일하며 보냈다. 그곳에서 오랫동안 일하면서 나는 식당 시스템을 모조리 익힐 수 있었다. 나중에 식당을 열고 한식 세계화의 전도사가 되었을 때 많은 도움이 되었다.

처음 프랑스 식당에 들어갈 때 선배는 절대로 학생 신분을 밝히지 말라고 조언했다. 그런 고급 식당에서는 방학 때 3개월만 일하고 떠나는 학생을 꺼릴 수밖에 없었기 때문이었다. 다행히 별 탈 없이 일자리를 얻었고 나는 최선을 다해 일했다. 그 식당이 아니면 다른 일자리를 구하기 어려웠기에 남들보다 배로 노력했다. 그런 노력 때문이었는지 나는 그 식당 최고의 버스 보이가 될 수 있었다.

잊지 못할 체험을 하기도 했다. 일한 지 두 달 반쯤 지난 어느 바쁜 토요일이었다. 수십 개의 접시를 얹은 트레이를 한 손으로 높이 들고 주방으로 옮기던 나는 그만 젖은 바닥에 발이 미끄러지면서 '쿵' 소리를 내며 나동그라졌다. 그 바람에 뒤통수가 바닥에 부딪혀 나는 순간적으로 정신을 잃고 말았다.

깨어난 내게 맨 처음 달려온 식당 노조원은 식당 주인을 고발해 보상금을 받아내자고 내게 은밀한 제안을 했다. 하지만 내 몸은 큰 이상이 없었고 주인을 고발할 생각도 없었다. 그런 일이 생기면 노조를 통해 고발하고, 그 대가로 보상금을 받아내는 게 식당에서 일하는 사람들의 미국식 관행이었던 모양이다. 나는 그런 식으로 돈을 벌고 싶지는 않았다.

나는 순식간에 관행을 거부한 정직한 사람이 되었고 그런 나를 잘 보았는지 그 식당의 지배인 척은 달마다 일하러 오면 웨이터를 시켜 주겠다고 약속했다. 그렇게 나는 방학이면 석 달 동안 일해 학비와 생활비를 벌었고, 열심히 공부해 3년 반 만에 그토록 어렵다는 미국 대학교를 졸업할 수 있었다.

어찌 보면 일본에서의 3년, 미국 유학 생활 3년 반 등 7년 가까운 세월이 내 인생에서는, 안온했고 따뜻했던 유년의 세계를 깨뜨리고 비정하지만 진짜 내 삶을 열어 갈 세계로 나가는, 좁고 긴 낭하(廊下)였던 것 같다. 껍데기를 깨고 나오려는 그 시절의 방황과 고투가 지금도 내 몸과 마음 안에 생생하게 느껴지는 것은 아마도 강한 운명의 힘이 아닐까 하는 생각이 든다.

세계를 누비며 몸으로 배웠던 것들

『가진 것이 없다면 운으로 승부하라』,
시바부라 에미코, 2020
『오리엔탈리즘』, 에드워드 사이드, 1978

성공적인 미국 유학 생활을 마치고 나는 진짜 나의 인생을 살기 위한 준비를 하기 시작했다. 남들이야 어렵게 대학을 졸업한 후에는 잠시 쉬거나 놀아야 한다고 하지만, 나는 중학교 시절 놀 만큼 놀았기 때문에 그럴 필요가 없었다. 무엇보다 내 인생 전부를 걸 만한 일을 찾아 즐겁게 일하고 싶었다.

한국에 들어오기 전 나는 부모님이 계시는 일본에 들렀다. 그 무렵 아버지가 광주요를 창업한 지 10여 년이 된 상태였고 광주요에서 만든 도자기를 전시하고 판매하느라 일본의 도시들을 누비며 동분서주하고 계셨다. 재미있을 뿐만 아니라 내게 맞는 일을 찾다가 도쿄에 자리한 마루이치 상사에 들어가 잠깐 일을 배우던 나는 아버지가 좀 더 효율적으로 도자 사업에 임하실 수 있도록 몇 가지 제안을 하는 동시에 짬짬이 일도 도왔다.

그런데 아버지는 내가 도자 사업을 이어받아야 한다고 생각하셨는지, 내게 가치 있는 일이라며 사업을 이을 것을 강권하셨다. 하지만 내 위로 형들과 누님들이 있었기 때문에, 굳이 내가 사업을 이을 것이라고는 꿈에도 생각지 않았다. 더욱이 나는 전통문화와 관련된 일에는 전혀 관심을 두지 않았다. 내게 천직은 다른 사업이었다. 사람들을 만나고 먼저 기업에 들어가 실무를 철저하게 익힌 후 내 사업을 하는 것이 내 인생의 목표였다.

나는 아버지의 제의를 뿌리치고 편지 한 장만 달랑 남긴 채 도망치듯 서울행 비행기에 몸을 실었다. 1973년 12월의 일이었다. 물론 아버지의 실망감은 엄청나게 컸을 것이다. 후에 들은 바로는 내가 떠난 직후 노발대발하시며 화를 내셨다고 한다. 그런 아버지가 무서워 서울에 도착한 뒤 집에는 무서워 들어가지 못하고 가회동 친구 집에 방을 한 칸 빌려 생활하기 시작했다.

세상 밖으로, 첫발

언젠가 한 관상 전문가이자 풍수지리학의 대가가 내 관상을 보고 '시베리아 호랑이상'으로 규정한 기사를 봤다. 끝없이 펼쳐진 시베리아의 드넓은 산림지대를 누비는 호랑이는 천하를 돌며 구름을 이불 삼고, 대지를 벗 삼아 뒹굴며 산다. 그 관상가는 말하기를, 10대 때부터 세상에 자신을 과감히 던지고 비좁은 한국을 벗어나 세계를 경영할 상이라고도 했다. 도전하고, 자빠지고, 깨지더라도 때를 기다리면 대성하는 관상이라는 말도 덧붙였다.

지금 생각해봐도 거의 맞는 평인 듯하다. 나는 전 세계를 누비며 배포가 크고 품이 넓은 일을 하고 싶었더랬다. 늦더라도 내게 맞는 스케일의 회사에 들어가 제대로 배우는 것이 내 성향에 맞았다. 그래서 당장 호구지책을 위해 아쉽더라도 대충 취업만 해야겠다는 마음은 추호도 없었다. 그래서일까. 내가 생각했던 큰 기업의 문은 쉽사리 열리지 않았다.

나는 친구들을 따라 하루가 멀다고 술을 마시러 다녔다. 고된 유학 생활을 마치고 잠깐 일본에 들렀다 한국에 돌아와 보니 친구들 아니 나와 같은 세대의 젊은이들은 나와 다른 생각을 하고 다른 삶을 살고 있었다. 그런데 짧은 기간이었으나 그들과 지내다 보니 나도 서서히 그들을 닮아가고 있었다. 약 한 달 정도 그야말로 원도 한도 없이 술독에 빠져 아무 생각 없이 살았다.

원래 빚지고는 못 사는 성격인 내가 돈도 못 버는 주제에 외상으로 술을 먹다 보니 외상값이 100만 원 가까이 된 사실을 어느 날 알게 되자 정신이 번쩍 들었다. 당장 취업해 돈을 벌어야 했다.

당시 아버지는 국내에서 잘 알려진 유명인사였다. 그래서 많은 기업의 경영자들이 아버지를 알고 있었다. 나는 아버지가 알고 있는 회사에는 가지 않기로 했다. 일단 내 실력만으로 직장을 구하고 싶었던 것이다. 당시 급속도로 성장하고 있던 회사인 대우실업에 들어가기로 마음먹었다. 공채 때까지 기다릴 여유도 없어 이력서를 들고 김우중 회장을 직접 만나기 위해 나는 무작정 사무실로 찾아갔다. 무모한 행동이었다.

사무실 입구에 들어서자 나는 안내 직원에게 아버지 회사의 명함을 건네고는 김우중 회장과 약속하고 멀리서 뵈러 왔다고 거짓말을 했다. 그러나 금방 들통날 거짓말이었다. 김 회장에게 확인한 후

어이가 없었는지 당시 김 회장 비서실장이었던 최철규 전무가 내게 다가와 직접 묻는 것이 아닌가. 그는 도쿄 외환은행에 주재할 때 이미 아버지와 몇 차례 만나 친분이 있었다.

순간 나는 당황스러웠고 아버지의 굴레에서 벗어날 수 없다는 절망감과 함께 아버지의 명성을 이용해 취업해 보려는 얄팍한 의도가 부끄러웠다. 그리고는 아버지께 누를 끼쳐서는 안 되겠다는 심정으로 사실대로 털어놓았다. 미국에서 대학을 졸업하고 귀국해 혼자 힘으로 직장을 구하고 있노라고 말이다. 그리고 잠시 이야기를 나눈 뒤 대우실업을 나왔다. 며칠이 지나도 연락은 오지 않았다. 틀렸구나, 하는 생각이 머리를 스쳤다.

그런데 운명일까. 뜻하지 않은 도움은 예상치 못하는 곳에서 왔다. 아는 선배에게 전화가 와서 이런저런 얘기를 나누다 대우실업 얘기가 나왔다. 나는 자초지종을 말했더니 선배가 돌연 김우중 회장과의 만남을 주선해 보겠다고 했다. 우연하게도 선배는 김 회장과 연줄이 닿아 있었다. 그렇게 선배 덕택으로 나는 김우중 회장을 독대할 수 있었다. 운명의 힘이 아니라면 절대 불가능했을 일이었다.

"고생할 수 있겠어?"

나를 독대한 김우중 회장은 내게 이렇게 딱 한 마디 묻고는 부산에 있는 대우 봉제공장에 1년간 파견근무를 지시했다. 그런데 처음에 나를 왜 떨어뜨렸는지가 무척 궁금했다. 미국 명문대를 3년 반 만에 졸업한 스펙으로 나는 합격을 자신했었다. 김 회장으로부터 돌아온 답변은 의외였다.

"외국에서 공부하고 온 친구들을 열 명도 넘게 채용해 봤는데 두세 달도 버티지 못하고 다 그만두더군."

나는 정말로 잘할 수 있었다. 고된 유학 생활 덕분에 그 어떤 환경이나 악조건 속에서도 견딜 수 있다는 자신감에 차 있었다. 중졸 학력으로 '긴자마루칸'을 창업하며 일본 최고의 부자가 된 사이토 히토리의 『가진 것이 없다면 운으로 승부하라』에는 다음과 같은 내용이 나온다.

"인간에게 한계는 없어. 인간은 마음먹은 일은 뭐든지 할 수 있어. 제약을 만드는 것은 일종의 두려움이야. 가끔 나는 나 자신에게 이렇게 말해. '너, 뭔가를 두려워하고 있지 않아?' 인간이란 새로운 일을 만나면 자기도 모르게 두려움을 느끼고 움츠러들지. 한계를 뛰어넘는다는 건 말이지, 자신이 가장 싫어하는 일을 극복하는 일이야. 싫은 일이니까 한계를 만드는 거야. 하지만 그 싫은 일을 조금만 해나가면 한계는 뛰어넘을 수 있어. 그러면 즐거워져."

내 생각도 똑같았다. 이 세상에 인간이 할 수 없는 일은 없다. 단, 인간의 한계를 만드는 유일한 것은 두려움이다. 그 두려움만 제거한다면 무엇이든 못 할 일이 없다고 나는 확신했다.

즐겁게 일하고 열정으로 뛰다

고향이라도 오랫동안 가보지 않은 부산이었기에 낯설고 익숙지는 않았지만 나는 두려워하지 않았다. 부산 봉제공장에서 내가 맡은 일은 유럽 시장에 수출할 와이셔츠 생산 담당이었다. 아침 7시에 출근해 밤 9시까지 쉴 틈 없이 일했다. 일요일도 없었다. 두려움이 없다 보니 힘들지도 않았고 일에도 큰 재미를 느꼈다. 대우에서 성공해 전문 경영인으로 성공하는 것이 내 목표였다. 의무감이 아니라 재미있게 일하고 즐기는 것이 성공의 지름길이라고 생각했다.

사이토 히토리도 "이제부터는 즐거움의 시대야. 지겹고 힘든 일도 즐겁게 하는 시대란 얘기야. 일하지 않아도 된다는 게 아니라 힘들다 힘들다 하면서 할 게 아니란 거지. 공부도 그래. 강요로 하는 게 아니라 놀이를 하듯이 즐기면서 하는 거야. 손님이 돈을 지불하고 상품을 사는 것도 거기에 '즐거움'이 있기 때문이란 걸 알아야 해. 모든 게 다 즐거움이 없으면 성립되지 않는, 그런 시대가 즐거움의 시대야."라고 말하지 않았던가.

두려움을 버리고 즐기며 일을 하니 못할 것이 없었다. 반년이 되기도 전인 1976년 12월, 나는 본사로 발령을 받았다. 김우중 회장의 테스트가 '합격'으로 끝난 것이다. 그렇게 정직원으로 본사 생활이 시작되었고 나는 대유럽 섬유 수출을 담당하게 되었다.

나는 대우가 나의 회사라는 마음으로 밤낮없이 일했고 나의 능력과 실력을 검증받을 수 있었다. 20대 후반부터 30대 초반까지 대우를 위해 내 모든 걸 바친 것이었다. 그런 노력의 결과 나는 1979년 4월, 서른둘의 나이에 대우실업 아테네 지사 초대 지사장으로 발령을 받을 수 있었다.

아테네 지사장으로 대유럽 수출을 총괄 담당하게 된 나는 바쁘게 한두 해를 보냈다. 어느 정도 유럽에서의 생활에 적응되어 안정되어갈 무렵인 1981년 3월, 김우중 회장이 업무차 이라크에 들렀다가 아테네를 방문했다.

그날 저녁 식사 후 김 회장은 나를 조용히 부르더니 뜻밖의 지시를 내렸다. 자신이 이라크에서 에이전시와 체결한 임시계약서를 파기하고 오라는 지시였다. 임시계약서 파기는 일을 함께 추진하던 파트너가 일 처리를 제대로 하지 못할 때 취하는 조치였다.

당시는 이라크와 수교가 없어 입국 비자를 얻기 어려웠다. 나는 현지 변호사를 찾아가 주그리스 이라크 대사를 소개해 줄 사람을 수소문해 대사를 만났다. 나는 한국과 이라크 양국의 상호 이익과 관계 발전을 위해 대우를 대표하는 유럽 지사장 자격으로 이라크에 들어가 사업을 추진하겠다는 의사를 피력했다.

실력과 야망을 마음껏 펼칠 수 있었던 대우 근무 시절

편법이긴 했지만, 이라크에 들어가려면 어쩔 수 없었다. 결국 이라크 대사에게 한 달간 체류할 수 있는 특별 우대 비자인 커티시 비자(Courtesy Visa)를 받아냈다. 그 길로 이라크로 향한 나는 현지 에이전트와 한 달간의 신경전 끝에 마침내 임시계약서를 파기할 수 있었다.

김 회장의 특명을 훌륭하게 수행하면서 나는 더 굳건한 회사의 신임을 받았다. 그러나 그즈음 내 인생의 전환점이 될 만한 아픈 일도 있었다. 아테네에서 함께 살고 있던 처제의 갑작스러운 죽음이 바로 그것이었다. 허무감과 무력감이 밀려왔고 더는 외국에 머물고 싶지 않았다. 언제 떠날지도 모르는 인생, 남의 밑에서 월급쟁이 노릇을 하기가 싫어졌다. 나는 대우를 떠나 독립하기로 했다. 처제의 죽음이 내 인생에 새로운 전기가 된 것이다.

아테네 생활을 정리하고 서울로 다시 돌아온 내게 한 외국인이 연락해 온 것은 1981년 8월이었다. 내가 임시 계약을 파기했던 이라크의 그 에이전트였다. 업무차 서울에 온 그는 김 회장을 만나고 싶어 했고 나는 그 만남을 주선했다. 김 회장과 헤어진 뒤 호텔로 가는 길에 나는 그에게 즉흥적으로 제안했다. 나와 함께 일해 보지 않겠냐고.

별생각 없이 한 말이었다. 그때 내 제안 역시 운명이 만들어 놓은 각본의 하나였는지도 모른다. 그는 자기 에이전시 임시 계약을 파기시킨 내 실력을 믿어서 그랬는지 단번에 제의를 수락했다.

1982년 1월, 파리에서 그를 다시 만났다. 그 후 내게 새로운 인생이 펼쳐졌다. 대우를 떠난 후 나는 중동지역을 대상으로 내 사업을

전 세계를 누비며 각국의 다양한 문화를 체험할 수 있었던 사업가 시절, 바이어들과의 미팅

시작했고 큰돈을 벌 수 있었다. 상상도 해보지 못한 거대한 액수였다. 그러면서 전 세계를 누볐고 각국의 상류층과 만나며 다양한 문화를 체험했다. 더불어 엄청난 사치를 누리기도 했다. 하지만 그런 경험이 가업인 도자기 회사를 이어받고 음식과 전통문화를 연구하며 사업화하는 운명으로 나를 이끌 것이라고는 꿈에도 생각지 못했다.

해외에서 절감했던 국가 브랜드 파워 그리고 '오리엔탈리즘'

전 세계를 누비며 개인 사업으로 큰돈을 번 것은, 내가 가업을 이은 이후 도자기와 한식 등 전통문화에 천착하고 이를 사업화하며 막대한 투자를 할 수 있는 밑거름이 되었다.

그러나 사업가로 수많은 나라를 다니면서 내가 얻은 것은 부(富)만이 아니었다. 동양인들을 바라보는 서양인들의 시선과 사고방식, 인종차별주의와 국가 브랜드 파워의 중요성 등도 절실하게 배우게 된 것들이었다.

이미 대우에 근무했던 시절, 인종차별주의와 국가 브랜드 파워의 중요성을 동시에 절감했던 적이 있었다. 대우에 입사한 지 얼마 되지 않은 때인 1975년 10월 어느 날, '아파르트헤이트(Apartheid)'로 악명이 높은 남아프리카공화국의 요하네스버그에서 한 바이어가 우리 회사로 찾아왔다. 그는 30여 종의 니트 블라우스를 꺼내놓더니 종류별로 소량 생산해 달라고 주문했다.

그때만 해도 대우는 적은 물량은 주문받지 않는다는 원칙이 있던 시절이었다. 그러나 소량 맞춤 생산은 단가를 비싸게 받을 기회였다. 실제로 계산해 보니 이익을 남길 수 있었다. 과장에게 보고했더니 책임질 자신이 있으면 한번 해 보라는 것이었다.

나는 즉시 공장으로 달려가 생산 책임자와 머리를 맞대고 방법을 강구했다. 당시 우리가 수출한 와이셔츠의 평균 가격은 장당 1.5달러 정도였는데 최소 3배인 4.5달러에서 7배인 10.5달러 선에서 논의되었다. 결국 거래가 적정선에서 성공적으로 마무리되었고 바이어가 나를 요하네스버그에 특별 초청하는 행운까지 거머쥐었다. 바이어가 책임자도 아닌 담당 직원을 초대한 것은 이례적인 '사건'이었다.

난생처음으로 아프리카 땅을 밟게 된 나는 기대감에 부풀었다. 그렇지만 걱정도 없지 않았다. 당시 남아프리카공화국에는 '아파르

트헤이트'라는 인종차별주의가 극심했던 나라였기 때문이었다. 더불어 국가 브랜드 파워가 어떻게 해외에서 작동하는지 생생하게 체험해야 했다.

첫날 일정을 마친 후 호텔에 들어서면서 나는 인종차별주의의 공고한 벽에 부딪쳐야 했다. 호텔 입구에는 '화이트 온리(White Only)'라고 쓰인 팻말이 붙어 있었다. 나는 문 앞에서 주춤해야 했다. 다른 쪽 문은 당연히 '컬러 온리(Color Only)'였다. 말로만 듣던 인종주의의 얼굴이 음험하게 드러나는 순간이었다. 순간 불쾌감이 물밀듯 다가왔다. 사람을 피부색으로 나눠 차별하다니.

나는 화이트인가? 컬러인가? 혼란스러웠다. 당연히 나는 컬러 쪽이어야 했다. 그런데 내가 서 있는 곳은 화이트 온리 방향의 문이었다. 그때 멈칫거리고 서 있는 내 등을 바이어가 밀었다. 나는 나도 모르게 바이어의 얼굴을 바라봤다. 의아해하는 내게 던진 바이어의 말은 충격적이었다.

"일본인은 '화이트 온리' 대접을 받으니 일본인인 척하고 들어가면 돼."

순간 나는 알 수 없는 착잡한 심정이 들었고 욕지기가 일었다. 더불어 약소국 국민으로서의 설움이 북받쳤다. 왜 동양인은 안되고 일본인은 '화이트 온리'로 대접받는가? 그런 질문의 해답을 찾는 데는 그리 오랜 시간이 걸리지 않았다. 바로 국가 브랜드 파워였다. 그날 밤 내내 인종주의와 불평등, 국가 브랜드와 브랜드 파워에 대한 상념이 머릿속에서 혼란스럽게 뒤섞여 잠을 이루지 못했다.

인종차별주의는 동양에 대한 서구권의 동경이 19세기 이후 침략의 대상으로 바뀌면서, 지배하고 재구성하며 억압하기 위한 서양의 의지를 현실화한 방식으로서의 '오리엔탈리즘'에 기원을 둔다.

문학비평가이자 학자인 에드워드 W. 사이드는 자신의 대표작 『오리엔탈리즘』에서 '오리엔탈리즘'으로 총칭되는 동양에 대한 서구의 사고와 인식, 표현의 본질을 규명하는 동시에 그것이 기본적으로 동양에 대한 서양의 지배 양식과 직결된 것임을 밝혔다. 그는 오리엔탈리즘이 결국 서구의 '제국주의, 식민지 건설에 봉사한 것'이라고 꼬집으며 동양인에 대한 서양인들의 오만한 사고와 의식에 준엄한 항의를 했다.

그런데 일본은 어떻게 해서 '오리엔탈리즘' 적 시각에서 벗어날 수 있었는가? 바로 국가 브랜드 파워를 지녔기 때문이었다. 그렇다면 국가 브랜드는 무엇일까? 국가 브랜드는 글로벌 세계에서 국가 간 상호 교류를 통해 만들어진다. 한 국가의 문화와 사회, 경제 요소들이 상호 작용해 형성된 가치관이 상징화되고 발현되어 표상으로 드러난 것, 이것이 여러 국가에 인정받는, 그 신뢰와 존중의 정도가 바로 국가 브랜드 파워인 것이다.

결국 국가 브랜드는 그 나라를 방문하고 싶은 마음이 들게 하며 그 나라에서 만든 제품을 구매하고 동경하게 만들며 그 나라 국민을 존중하게 한다. 일본은 그러한 국가 브랜드 파워가 있었지만, 우리나라는 국가 브랜드 자체가 없다는 사실을 그날 나는 절실하게 느꼈다.

그날 밤 호텔 식당에서 나는 일본인 여러 사람을 목격했다. 그들의 행동은 당당했고 거리낌이 없었다. 나도 바이어에게 융숭한 대접을 받긴 했지만 어쩐지 마음이 편치 않았다. 머나먼 타국 땅에서 국가 브랜드를 인정받지 못한 나라 국민이 느껴야 했던 자괴감과 스트레스 때문이었다. 그때의 심정을 나는 지금도 잊을 수 없다. 그때 내 마음에는 우리나라의 국가 브랜드를 어떻게든 높이는 것이 우리의 살길이자 내가 모든 것을 바쳐서 해야 할 사명임을 깨달았다.

2부

열정의 파이오니어가

빚어낸 기적

3장

동틀녘

가지 않는 길

'가지 않는 길', 로버트 프로스트

노란 숲속에 길이 두 갈래로 났었습니다
나는 두 길을 다 가지 못하는 것을 안타깝게 생각하면서
오랫동안 서서 한 길이 굽어 꺾여 내려간 데까지
바라다볼 수 있는 데까지 멀리 바라다보았습니다
그리고, 똑같이 아름다운 다른 길을 택했습니다
그 길에는 풀이 더 있고 사람이 걸은 자취가 적어
아마 더 걸어야 할 길이라고 나는 생각했었던 게지요
그 길을 걸으므로, 그 길도 거의 같아질 것이지만

그날 아침 두 길에는
낙엽을 밟은 자취는 없었습니다
아, 나는 다음 날을 위하여 한 길은 남겨 두었습니다
길은 길에 연하여 끝없으므로
내가 다시 돌아올 것을 의심하면서
훗날, 훗날에 나는 어디선가
한숨을 쉬며 이야기할 것입니다
숲속에 두 갈래 길이 있었다고
나는 사람이 적게 간 길을 택하였다고

그리고 그것 때문에 모든 것이 달라졌다고.

로버트 프로스트, '가지 않는 길'

운명은 힘이 세다. 인간의 의지와 힘으로 운명을 돌리기는 너무나 어렵고 힘들다는 사실을 나는 경험으로 안다. 유복했던 어린 시절부터 세계의 양면성을 시나브로 깨달으며 자유분방하게 살았던 중학생 시절, 암담했던 일본 외국인 학교 시절과 어려워진 가정 형편으로 인해 고학해야 했던 미국 유학 시절 그리고 전 세계를 누비며 다양한 문화 체험을 할 수 있었던 직장생활까지 나를 이끈 운명은, 내 의지적 선택과 상관없이 제 갈 길을 묵묵히 걸어갔다.

그렇다고 내 인생의 전환점을 만든 여울목에서의 선택에 내 자유의지가 반영되지 않은 적은 단 한 번도 없었다. 운명의 이끎에 수동적으로 순응했다기보다는 주체적으로 가야 할 길을 선택했던 내 의지의 지향점이 운명이 정해놓은 길과 같은 방향이었다는 표현이 더 적절한지도 모르겠다.

아버지의 죽음, 그 운명이 이끄는 길로 한 걸음

그날 아침의 하늘은 흡사 구겨진 신문지 같았다. 뼛속까지 스며든 늦겨울의 한기가 한낮까지 이어지며 온몸을 휘감았고 검은 구름이 잔뜩 낀 하늘은 온종일 저녁 무렵처럼 어둑어둑했다. 축축하고 미끄러운 길 위에서 사람들은 갈 길을 잃고 헤매는 듯 흔들리는 것처럼

아버지, 어머니와 함께. 운명의 길로 나를 이끈 것은 부모님이었고 두 분은 내 인생의 등불과도 같았다
▲▼

보였다.

대우에서 나와 전 세계를 누비며 사업에 빠져 있던 그때, 운명은 새로운 길을 제시하며 내게 다가왔다. 아버지의 죽음을 마주하던 날, 1988년 2월 4일, 그날 내가 느낀 감정은 그렇듯 온통 서늘하고 차가운 무채색의 색감뿐이었다.

사업을 접은 뒤 우리 도자 문화를 부흥시키겠다는 일념으로 1963년 광주요를 세웠던 아버지의 갑작스러운 죽음은 내게 각별한 감정과 슬픔으로 다가왔다. 더불어 알 수 없는 운명에 이끌리는 듯한 느낌과 예감이 불현듯 온몸에 전해졌다.

1971년 도쿄에 상설전시관을 개설하면서 광주요는 일본 내에서 주목받는 문화 기업이 되었다. 고려청자와 조선백자의 기법을 재현한 광주요의 도자에 일본인들은 매혹되었고 큰 관심을 보이기 시작했던 것이다. 다도 문화가 발달한 일본이었기에 아버지가 복원한 우리 전통 다기가 그들의 눈

아버지가 복원한 전통 도자기 제품

길을 사로잡은 것은 당연한 일이었다.

상설전시관 설치와 동시에 시작된 일본 순회 전시회는, 1988년 시코쿠(四國) 고치(高知) 시에서 아버지가 생을 마감할 때까지 18년간 무려 279회나 이어졌다. 선친이 타계한 그해 2월 4일은 그 생애 마지막 개인전이 끝난 날이자 광주요 창업 25주년에서 하루가 지난 날이었다.

조용히 장례를 치르고 난 후 며칠이 지나자 비로소 아버지의 죽음이 실감이 났다. 불투명한 추상에서 형체를 가진 실체로 느껴진 것이다. 장례식을 치르는 내내 눈물을 흘리지 않았지만, 아버지를 차가운 땅에 묻고 돌아오자 왈칵 눈물이 쏟아졌다. 아버지가 더는 이 세상에 존재하지 않는다는, 변하지 않는 진실이 목에 걸린 가시처럼 불편하게 나의 내면에 걸려 있었다.

아버지가 떠나시면서 당연히 후계 문제가 대두되었다. 여섯 명의 자식 중 하나가 광주요를 이어받아야 했다. 어머니는 아버지 사업을 맡아달라고 내게 부탁하셨다.

아마도 자식들 가운데 유일하게 나만이 사업을 하고 있었기에 당연히 아버지 사업을 이어야 한다고 생각하셨던 것 같다. 더불어 내가 큰돈을 벌었기 때문에, 돈이 되지 않을 전통 도자기 사업을 유지할 재원 조달이 가능할 것이라는 판단도 한몫하셨을 것이다. 그 또한 운명의 교묘한 이끎이었다는 것을 희미하게 느낄 수 있었다.

사실 그때 어머니의 부탁을 정중히 물리치고 내 사업에만 몰두할 수도 있었다. 하지만 나는 어머니의 권유를 받아들여 광주요를 맡기로 했다. 아버지께서 어렵사리 이어놓은 전통 도자기 제작 기법이 더는 빛을 보지 못하고 영영 사라질 수도 있겠다고 염려했던 이유도 있었으나 자식에게 눈물로 부탁하신 어머니에게 효도할 수 있는 유일한 길이라는 생각이 더 컸던 것 같다.

인생은 선택의 연속이다. 태어나면서부터 죽을 때까지 수도 없이 자신에게 닥치는 선택의 주사위를 던지며 자신의 인생 나이테를 쌓아간다. 두 갈래 혹은 여러 갈래 길을 모두 갈 수는 없는 것이 인간의 한계이자 숙명이다.

자신 앞에 놓인 두 개 또는 여러 개의 선택지 앞에서 자기의 유불리를 먼저 따지는 게 인지상정이다. 이익과 손해의 대차대조표를 놓고 인간은 늘 이익이 있는 쪽에 자신을 밀어 넣는다.

그러나 내 선택은 그런 일반적인 예를 따르지는 않았다. 나는 어렸을 때부터 내 앞에 놓인 두 갈래 길에서 늘 남들이 가지 않은 낯선 길을 종종 택하곤 했었다. 중학교 시절에는 어둡지만 자유분방했던 쪽에 섰고, 미국 유학에서 돌아와서는 아버지의 사업 계승이 아닌 대우실업 취업을 선택했다. 성공적으로 유럽 지사장의 역할을 감당하며 승승장구하던 안정된 자리를 박차고 개인 사업을 도모했던 선택도 보통 사람들이 볼 때는 낯선 길이었다.

왜 그랬을까? 나는 내 삶의 갈림길에서 늘 선택의 무게감을 생각하곤 했다. 당장 눈에 보이는 유불리, 이익을 따지지 않고 마음이 가는 쪽, 내 삶의 성장과 변화를 이끌 영감이 충만한 방향으로 발길을 돌린 것 같다. 아무도 지나지 않아 수풀이 무성한, 낯선 길이어도 말이다. 아버지의 도자 사업을 이은 것도 그런 이유에서였을 것이다. 그렇게 나는 국제 무역가에서 도자기 사업가로 변신하게 되었다.

도자 사업에 대한 인식을 바꾸다

남들이 가지 않는, 낯선 길을 선택했다고는 하지만, 광주요의 대표이사로 취임한 즈음 나는 그저 경영적 논리로 도자기를 잘 파는 사업가가 되면 그만일 것이라는 순진한 생각에 머물러 있었다. 도자기 제작은 당신이 할 터이니 너는 갖다 팔기만 하라는 어머니 말씀도 내 선택의 추를 기울게 한 요인이었다.

그러나 광주요를 직접 맡아보니 도자기 사업이라는 게 단순히 그릇을 만들어 파는 일이 아니라는 사실을 절실히 깨닫게 되었다. 경영도 경영이지만 우리 문화에 대한 본질적인 이해와 연구가 뒷받침되지 않으면 결코 성공하지 못할 사업임을 알게 되었던 것이다. 그런 토대가 구축되지 않으면 도자기를 만들고 파는 것 자체가 불가능했다.

아버지가 돌아가시고 난 후 얼마 지나지 않아 유품을 정리하다 우연히 발견한 아버지의 자작시를 보고 나서 그런 생각은 더 명확한 확신으로 변했다. 그 시에서 도자기에 대한 뜨거운 열정이 이글거리는 아버지의 속마음을 발견한 것이었다.

도심(陶心)

그늘진 곳 마다치 않고 천부만뇌(千腐萬惱) 흙을 빚어
선인들이 남긴 유산 도예 향기 그리워라
왜침으로 잠든 노예 광복으로 재현되니
이 몸 바쳐 불을 켜서 그 빛을 더하리라.

온 생을 바쳐 전통 도예 부흥을 부활시키려 노력해 온 아버지의 노력과 마음을 그제야 깨닫게 되었다. 더불어 아버지의 일에 가장 무심했고 아버지를 외롭게 만든 자신이 한없이 부끄러워졌다.

'넓은 호수'를 의미하는 '광호(廣湖)'라는 호를 쓰신 것처럼, 도자기와 우리 전통문화에 대한 아버지의 애정은 깊고도 광대했다. 고려청자의 신비로운 빛깔과 영롱한 자태에 감동한 선친은 한때 세계 최고 수준에 올랐던 우리 도자 기술의 맥이 끊긴 것을 무척 안타까워하셨다.

특히 16~17세기 막사발로 불리던 조상들의 애용품 다완(茶碗)이 우리나라에서는 실종되고 오히려 일본인들이 이를 높이 평가하고 애지중지하는 현실에 엄청난 충격을 받으신 모양이다. 우리 선조들의 지혜가 집적되고 손때가 묻은 도자기들에서 한국인의 얼을 발견했고, 고향을 떠난 그것들이 남의 나라에서 대접받는 아이러니한 상황에 무척 실망하신 것이다. 그것도 다른 나라가 아닌 우리나라와 강토를 무력으로 침탈한 일본이라니 얼마나 속이 썩으셨겠는가.

그런 마음으로 선친은 광주요를 설립하고 해강 류근형 선생 같은 이름난 도예가 등 도예 관련자들을 모아 꺼져 버린 전통 도자 복원에 투신한 것이다. 광주요(廣州窯)라는 명칭은, 조선 왕실 최고급 도자기를 굽던 광주관요(廣州官窯)의 전통을 이어받자는 뜻에서 만들어진 것이었다.

사실 우리 전통 도자는 기술상 보안을 유지하기 위해 철저한 분업 체제를 통해 만들어졌다.

초창기(1966년 추정, 1970년) 광주요 직원들과 함께한 선친 광호 조소수 선생 ▲ ▼

도자기 한 점을 완성하기 위해서는 흙을 만지는 이를 비롯해 그릇을 성형하고 정형하는 기술자, 유약 바르는 이, 조각하는 이, 가마에 불을 때고 굽는 이 등 여러 분야의 장인이 모두 필요했다.

각 분야에서 일정한 기술 수준에 이르고 자질을 고루 갖추도록 하는 것은 보통 어려운 일이 아니었다. 그런데 광주요에 몸담고 있던 이들이 어느 정도 실력이 갖춰지면 더 높은 급여를 주는 곳으로 옮기거나 분가해 독자적인 요를 만들기 일쑤였다. 막대한 돈을 들여 기술자를 키워 놓으면 제 이익에 따라 모두 떠났던 것이다.

그런 상황에도 굴하지 않고 선친은 스스로 가고자 결심했던 길을 묵묵히 걸었다. 선친의 그런 피땀 어린 노력 덕분에 이천은 전통 도자 문화의 본거지이자 성지가 되었다. 현재 한국 도예 업계에서 내로라하는 이들은 거의 모두가 선친 휘하에서 배웠거나 물심양면으로 지원을 받았던 사람들이다. 그들에 의해 수많은 요(窯)가 개설되어 전통 도자가 만들어져 왔고 도예 문화의 저변이 확대된 것만 봐도 우리 전통문화 진흥에 선친의 공은 실로 막대하다고 할 수 있다.

선친이 걸어온 발자취는 근현대 한국 도자 역사의 한 획을 그은 사건이라 해도 과언이 아니다. 그러한 선친의 뜻을 이어받아 나는 도자기를 통한 우리 전통문화의 계승은 물론 국내 시장의 형성과 성장을 도모해야 했다.

그러기 위해서는 우선 도자 사업에 대한 기존 인식의 전환이 필요했다. 전통의 복원을 위해 평생을 투신했던 선친의 노력을 기반으로 그 토대 위에서 새로운 도약을 모색하는 것이 무엇보다 중요했던 것임을 깨달은 것이다. 옛날 그릇을 그대로 본떠 만들어 팔면 문제가 없을지 모르지만, 그것은 선친이 생각했던 것은 절대 아니었다.

전통을 우려먹는 것은 한계가 있는 법이다. 더욱이 옛것에 안주하는 것은 선친께서 갈망하셨던 우리 고유의 그릇을 만드는 작업과는 거리가 있었다. 즉, 옛것의 답습이나 재현에서 벗어나 시대에 맞는 새로운 도자기를 만들어야 했다.

전통문화에 다시 생명을 불어넣다

『한국인만 모르는 다른 대한민국』,
임마누엘 페스트라이쉬, 2013

일본에서 도자기 문화가 꽃 필 수 있었던 이유는 차를 마시는 다도 문화가 발달했기 때문이었다. 일본에서 차를 마시기 시작한 것은 8세기 무렵 시작된 헤이안 시대라고 추정하고 있는데 귀족과 사찰을 중심으로 한 승려 등 소수의 계층만이 누리던 고급문화였다.

그러다가 점차 일반 민중에게도 퍼지면서 차 문화를 꽃피웠다. 일본이 임진왜란을 일으킨 이유 중 하나가 조선의 도자기 공을 자기 나라로 데려가기 위한 것이었다는 점을 보더라도 당시 일본에서 차 문화가 얼마나 대중화되었는지 짐작할 수 있다. 일본 전국시대의 최고 권력자르 관백(關白)에 올랐던 도요토미 히데요시(豊臣秀吉)에게 다도를 가르쳤던 센노 리큐(千利休)는 일본 다도 문화 시조로 잘 알려져 있기도 하다.

사실 우리나라도 고려 시대까지는 불교의 영향으로 차를 많이 마셨다. 그러나 조선 시대에 들어서서 불교가 억압받고 유교 사회가 되면서 차를 멀리하기 시작했고 대신 술을 많이 마시기 시작하면서 차 문화가 움츠러들 수밖에 없었다.

일본으로 끌려간 조선의 도공 중 대다수가 임진왜란이 끝난 뒤에도 귀국하지 않고 일본에 정착해 대를 이어 내려오면서 일본의 도자 역사를 구축했고 그 과정에서 도자기 제조 기술이 축적되어 오늘날 일본을 도자기 강국으로 만들었다. 우리나라의 도자 기술이 일본에 흘러 들어가 그곳에서 발전하며 꽃피웠고 원천기술을 갖고 있던 우리나라에 역전수되었던 점은 참으로 아이러니한 현실이 아닐 수 없다.

우리 전통 도자를 복원하기 위한 비지땀

단절된 우리 전통 도자 문화의 복원을 위해 무진 애를 쓴 선친의 노력으로 광주요는 창립 8년 만인 1971년 일본 도쿄에 상설전시관을 열게 되었다. 고려청자와 조선백자의 기법을 재현한 광주요의 도자에 일본인들은 큰 관심을 나타냈다. 당시까지 수요가 거의 없던 국내 사정과는 달리 다도 문화가 발달한 일본에서는 광주요의 다기가 큰 인기를 끌었던 것이다. 1964년 도쿄 올림픽 개최를 계기로 일본 경제가 급성장하고 국제화가 진행되면서 그 경제력을 바탕으로 일본인들이 우리나라 골동품을 사재기하기 시작했다. 그런 와중에 광주요의 제품이 그들의 눈길을 끌며 주목을 받았다.

사실 광주요의 전승 다기가 우리나라가 아닌 일본에서 인기를 끌고 판로를 형성한 것은 쓸쓸한 일이 아닐 수 없었다. 일본에 앞선 도자 문화를 보유했던 우리나라가 식민 통치와 한국전쟁, 급격한 서구화 등을 통해 전통문화의 단절을 겪으며 일본에 뒤졌던 것이다.

상황이 이렇다 보니 초창기의 광주요는 다기의 품종과 디자인에서 일본의 일방적 요구를 반영할 수밖에 없었다. 마치 우리 도자 문화가 일본의 도자 문화에 예속되는 양상을 보였다. 우리 고유의 디자인과 질감으로 일본의 코를 납작하게 하고 싶으셨던 선친의 의도는 무참히 꺾였고 좌절감을 맛봐야 했다.

더욱이 1980년대 들어서면서 도자기가 돈이 된다는 인식이 생기자 흙을 구하는 일부터 모든 과정을 혼자 감당하는 소위 '작가'들이 출현했다. 이와 동시에 엉터리 작가들도 우후죽순 등장했다. 도자기가 투자의 대상이 되었기 때문이다.

심지어 엉터리 작가들은 도자기에 대한 기초적인 지식도 없는 유명인사들을 부추겨 전시회를 열고 이에 매스컴이 합세해 후원하거나 막 구워낸 도자기를 골동품처럼 보이게 할 심산으로 화학 처리를 하는 등 웃지 못할 민망한 일들이 빈번히 벌어지기도 했다. 일본 시장에서 우리 도자의 인기에 힘입어 자본의 논리에 따라 업계가 혼탁해지기 시작했던 것이다.

이러한 혼란 속에서도 선친께서는 흙을 고르는 일부터 성형이나 정형을 통해 틀을 잡고, 조각하고 그림을 그리고 유약을 칠한 후 굽기까지의 모든 과정을 직접 해내며 작품을 빚는 이만이 도예 작가라고 강조하며 전통을 고수하셨다. 더욱이 광주요의 작품은 특정 작가의 이름을 붙이지 않고 모든 과정의 전문가들이 모여 힘을 합쳐 만든 작품이기에 '광주요'라는 이름으로 판매하셨다.

선친은 복마전과도 같은 국내 시장의 미래를 걱정하셨다. 일본처럼 국내 도자 시장이 활성화되어 대를 이어갈 수 있다면 다행인데,

당시와 같은 상황이 계속된다면 일본 시장이 사라질 경우 우리 도자 시장의 앞날이 어둡다는 것이었다.

국내 도자 시장의 형성은 그렇게 중요했다. 광주요의 미래보다 우리 전통 도자의 미래를 위해서라도 국내 시장을 구축하고 발전시키는 것이 무엇보다 필요한 상황이었다. 전통을 복원해 아무리 아름답고 훌륭한 도자기를 만들어 낸다고 해도 그 가치를 알아보지 못하고 관심도 두지 않는다면 그야말로 무용지물일 것이다. 결국 도자 사업은 미래가 없는 사업으로 낙인찍혀 후대에 이어지지 않고 영원히 사장될 것이 뻔하다.

우리 안의 보물을 발견하고 새롭게 재편하라

그렇다면 우리 자기 나아가 전통문화에 대한 가치의 제자리 찾기를 하려면 무엇이 필요할까? 나는 오랫동안 외국 생활을 하면서 여러 나라의 문화를 접했다. 유럽과 중동, 아시아 각국의 음식과 식기, 식사 예절 등 다양한 생활문화에 자연스레 익숙해졌다. 타국, 타민족의 문화를 즐기면서도 우리의 정체성에 대한 별다른 자각은 생기지 않았다.

이색적인 그들의 생활문화는 무척 세련되어 보였고 품격이 갖춰진 것처럼 느껴졌다. 하지만 우리 문화는 익숙해서인지 편하지만 촌스럽고 값싸다는 인식을 은연중에 갖고 있었다. 그렇기에 그들의 요리와 와인에 많은 돈을 썼고, 그것이 고급문화라고 치부했었다.

한류의 정점이라고 말하는 우리 드라마들을 보면, 격식 있고 부유한 주인공들은 모두 서양식 식기에 담긴 서양요리에 와인, 위스키 등 서양 술만 마신다. 그런데 주인공이 상처를 받을 때나 주변인들은 전부 포장마차에 간다. 외국인들이 보기에 한국에서의 고급문화는 서양 문화이고 우리 문화는 하류쯤으로 생각하지는 않을까?

왜 이렇게 됐을까? 그 주된 이유는 우리 안에 똬리를 틀고 있는 사대주의 때문이었다. 서구는 우리보다 뛰어난 문화를 갖고 있으며 우리나라와 민족은 상대적으로 뒤떨어져 있다는 삐뚤어진 자격지심 탓이었다.

서구문화를 누려야만 지성인이고 품격 있는 인간으로 받아들여지는 사회 분위기 때문이었다. 우리 전통문화는 세계 최고 수준에 올라있는데 우리는 자신을 낮추고 우리 문화를 비하하는 데 골몰해 왔다.

오랫동안 그런 인식 상태에 빠져 있던 내가 변화한 것은 광주요를 맡아 경영하면서부터였다. 광주요를 이끌면서 우리 국가와 민족이 오랫동안 축적해 온 가치를 재발견하고 재부흥해야 한다는 사실을 나는 절감했다. 그것은 우리가 수천 년 동안 실생활에서 쌓아 온 것들로 오늘날의 시점에서도 적용할 수 있는, 유용하고 가치 있는 전통문화로서 손색이 없는 소중한 자산이기 때문이다.

하버드대학교의 교수이자 세계적인 석학인 임마누엘 페스트라이쉬는 『한국인만 모르는 다른 대한민국』에서 한국의 가능성을 역설하고 있다. 그에 따르면 한국은 국가 브랜드로 널리 알릴 수 있는 엄청난 역사와 전통을 지닌 나라지만, 이를 전혀 이용하거나 살리지 않을 뿐만 아니라 오히려 어떤 측면에서는 부끄러워하고 하찮게 여긴다는 것이다.

일제 식민지 시대와 해방 후 혼란, 한국전쟁, 전후 궁핍했던 시절 등을 거치며 약소국 콤플렉스를 내재화한 한국의 유일한 처방은, 수천 년 동안 지속된 우리 역사 속에서 찾아야 한다는 게 임마누엘 페스트라이쉬 교수의 진단이다.

제국주의 정책을 채택한 적이 한 번도 없는 국가, 포악한 국왕의 절대 권력에 신하들이 반기를 들고 정치의 중심을 백성의 안위에 두는 전통을 지닌 나라가 우리나라였다. 어디 그뿐인가? 우리의 사랑방 문화는 창조적 융합의 아이디어가 용솟음치게 한 주인공이었고 세계적인 브랜드로 발전할 수 있는 선비문화와 인문학적 요소가 다분했던 풍수지리 등 과거의 찬란한 전통문화와 문화유산들이 존재하고 있음에도 이 값진 가치들은 아직도 창고 안에 잠들어 있다고 그는 지적했다.

이제 우리 안에 내재한 이런 문화 가치들을 끄집어내 다시 생명을 불어넣는 것만이 우리 국가와 민족의 잠재력과 역량을 제대로 발휘할 수 있는 유일한 방법이라고 할 수 있다.

우리 안에 고스란히 존재하는 보물을 우리는 외면하고 방치했다. 선친께서 광주요를 세운 것도 바로 그 보물을 끄집어내 새 생명을 불어넣겠다는 의지에서 비롯된 것일 터였다. 내게는 그런 선친의 꿈과 뜻을 그대로 이어받아 더욱 발전시켜야 할 의무가 있었다.

1990년 완공된 이천 광주요 공장과 사무실 전경

생활 도자기를 위한 집념

『우리 옛 도자기의 아름다움』, 윤용이, 2007

과거에 찬란한 문화를 꽃피웠으나 정작 우리의 것을 일본에 내준 채 단절의 역사를 안고 살아가는 우리의 쓸쓸한 자화상. 그런 현실을 돌이키면, 한여름철 더위에 지쳐 혼곤한 꿈속에서 헤매다 깨어났을 때처럼 허망하고 가슴 한쪽이 아려왔다. 어떻게든 단절된 전통을 다시 복원해 이어나가야 한다는 마음뿐이었다. 생각이 거기까지 이르자 운명이 내게 광주요를 맡긴 이유를 명확히 알 수 있었다.

그런데 사실 전통의 단절이라는 안타까운 망실(亡失)은 도자기 하나만이 아니었다. 한번 눈이 뜨이자 도자기와 같은 운명을 가진 또 다른 우리 문화가 시야에 들어왔다. 바로 음식과 술이었다. 그렇지만 당장 급한 것은 도자기였다.

나는 우리의 도자 문화가 후대로 이어지게 하기 위해서는 국내 시장이 형성되는 동시에 우리 도자기에 관한 관심이 커져야 한다고 생각했다. 세계 최고 수준의 전통을 복원해 도자기를 만든다고 한들 누구 하나 관심 두지 않는다면 무슨 소용일까?

우리 도자 문화의 전통을 다시 일으키기 위해서는 두 가지 조건이 필요했다. 첫째로 전통을 어떻게 계승할 것인가의 문제와 둘째로 도자기는 관상용이나 예술품이 아닌 생활 속에서 사용할 수 있는 생활용품이라는 인식을 심는 것이었다. 즉, '현대성'과 '일상성'을 동시에 갖춰야 단절된 도자 문화의 복원과 계승이 가능하리라 생각했던 것이었다.

전통 복원과 계승의 가능성, 생활 도자기

'현대성'과 '일상성'을 모두 갖춘 도자기가 바로 내가 명명한 '생활 도자기'이다. 생활 도자기란 말 그대로 우리 일상의 삶에서 늘 사용하는 도자기라고 할 수 있다. 박물관에 갇혀 있거나 찬장 깊숙이 숨겨져 사용되지 않는 도자기는 박제품일 뿐이다.

살아 있는 문화란 맥이 끊어지지 않고 일상 속에서 누리며 전래해야 한다. 실생활에 직접 사용되며 그 느낌과 분위기를 체험해야만 문화로서의 가치가 있다. 그것이 시대에 맞는 자기이자 그런 그릇을 만드는 것만이 전통을 오롯이 복원하고 계승하는 일이라고 나는 절실히 깨달았다.

그 와중에서 나는 도자기의 본질에 대해 숙고하게 되었다. 과연 도자기란 무엇인가, 그릇이란 무엇인가? 거창하게 생각할 필요가 없었다. 도자기의 가장 본질적 기능은 음식을 담는 도구라는 사실이었다. 그렇다면 도자기와 음식과는 떼려야 뗄 수 없는 연관성을 지닌다.

생활 도자기의 형태와 성격은 우리 음식을 담아내는 데 가장 적합하고 어울리는 그릇이어야 했다. 특히 전통음식 혹은 전통에 기반을 둔 음식에 맞는 그릇을 만들어 그들을 접목해 조화를 이루는 모습을 연출한다면 소비자들의 구매 욕구를 끌어낼 수도 있을 것이라는 생각에 이르렀다.

그렇게 생활 도자기에 대한 콘셉트를 잡아 생활 도자기 제작에 시동을 걸었다. 그런데 예상치 못한 걸림돌이 나타났다. 광주요의 장인들이 우리 음식을 잘 모른다는 사실이었다. 자기는 훌륭하게 만들지언정 음식에 관해서는 문외한이니 실생활에 딱 맞는 생활 도자기를 만들어 낼 수 없는 노릇이었다.

어쩌면 당연한 일이었는지도 모른다. 전승 자기를 예술품으로 생각했던 이들이었기에 생활 도자기에 대한 인식이 없었을 뿐더러 그릇 만드는 사람들이 음식 같은 일상 문화까지 알 필요가 없었던 것이다. 그렇기에 우선 도자기를 만드는 장인부터 회사 직원들 모두에게 그릇에 대한 내 생각과 앞으로 광주요가 만들어 나갈 생활 도자기에 대해 교육부터 해야 했다.

사실 도자기를 만드는 가마터는 인간 삶의 본질과 너무 닮아 있었다. 흙과 물, 불과 바람을 섞어 자기라는 생명이 잉태하는 공간이기도 하다. 도자기를 만들기 위한 재료인 태토를 비롯해 물과 불, 바람 그리고 자기를 굽는 나무가 모두 자연에서 비롯되며 모두가 완벽한 조건 아래서 조화를 이뤄야 좋은 자기가 탄생한다. 여러 가지 다른 재능과 생각, 성격을 가진 사람들이 한데 어울려 일상생활을 일구며 살아가야 좋은 사회를 만들 수 있는 것처럼 말이다.

한편 내가 생활 도자기를 들고 나오자 기존의 도예 업자들 사이에서 볼멘소리가 터져 나왔다. 내가 국내 도자기 산업을 망치려 한다는 것이었다.

그럴 만도 했다. 공장에서 대량으로 만들어 자신들이 서명만 한 도자기 한 점이 예술품 대접을 받고 고가로 팔려나가는 상황인데, 생활 도자기가 나온다면 고가의 예술품과 똑같은 제품이 그저 실생활에 사용할 수 있는 실용적인 자기라는 사실이 드러날 것이기 때문이다. 즉 자신들이 만들어 놓은 허황한 자기의 가치를 떨어뜨린다는 게 그들의 논리였다.

그들이 말하는 도자기 가치는 일본 상인들이 조작해 낸 허구의 것이라고 나는 생각했다. 우리 시장에서 형성된 가치가 아니었기에 일본 시장이 사라지면 금방 허물어질 가치에 불과했던 것이다. 당장은 일본에서 돈을 벌겠지만, 일본 시장이 없어지는 순간 그들도 망할 것이고 우리 도자기 산업도 막을 내리게 될 것이다. 우리 생활 도자기 시장을 만들지 않으면 안 되는 이유였다.

얼마 가지 않아 국내 도자기 시장은 내가 예측한 대로 흘러갔다. 공장에서 양산된 예술품 도자기들은 오래지 않아 일본 야시장의 손수레에 실려 싸구려로 팔리는 신세로 전락하고 말았다.

우리 도자기의 미와 멋을 담아라

나는 생활 도자기를 생산해 사람들에게 새롭게 탄생한 우리 도자기의 아름다움과 멋스러움을 보여주고 싶었다. 그렇다고 생활 도자기라는 게 기계로 찍어내듯 대량생산 시스템으로 만들어 낸, 값싸고 조잡스러운 제품이라는 의미는 절대 아니다.

내가 생각하는 생활 도자기는 실용적 가치를 갖고 실생활에서 사용하는 것이라고 할지라도 우리 선조들로부터 전해온 전통적 생산 기법에 따라 만드는 것으로, 예술적이고 품위 있는 자기를 이른다.

그저 관상용으로 인식되는 도자기를 넘어서서, 예술적이고 품위 있는 도자기를 일상생활에서도 사용함으로써 우리의 생활의 질을 한 단계 높이고 삶의 품격을 올리기 위한 것이기도 하다.

그러기 위해서는 기존의 전통을 답습한 도자기를 재현해 내는 데 그치는 것이 아니라 오늘날 분위기와 가치에 맞게 모양과 디자인 등을 변화시키는 것이 매우 중요하다. 하늘 아래 새로운 것은 없다. 모든 새로운 것은 이미 지나간 것, 오래된 것 위에 세워진다. 기존의 것에 현대적 가치를 부여하는 것이 포인트라고 할 수 있다. 전통에 현대성을 가미하지 않으면 골동품의 아류로 전락하고, 현대적 문물은 전통의 후광을 입지 않으면 조악(粗惡)해지는 법이다.

도자기는 실생활에서 그릇의 기능을 충실히 할 때 그 의미가 있다고 할 수 있다. 그릇은 사용된 시기와 지역 혹은 그 민족의 역사와 문화가 오롯이 담겨있는 존재이기 때문이다.

명지대학교 미술사학과 윤용이 교수의 『우리 옛 도자기의 아름다움』은 그런 면에서 시대의 공기를 담아낸 도자기의 가치를 역설하고 있다. 이 책은 선사 시대의 질그릇부터 조선의 백자에 이르기까지 각 시대 도자기들은 그 시대의 역사와 문화적 특징이 내재해 있음을 밝힌다.

일례로 고려청자의 문양들에는 고려인들의 마음을 대변하는 다양한 무늬들이 아로새겨져 있다. 중국과 러시아, 서남아시아까지 세력을 넓혔던 몽골제국과의 전쟁 과정에 많은 고려인이 목숨을 빼앗겼거나 인질로 잡혀갔는데, 고려청자에 다산(多産)을 상징하는 포도와 넝쿨, 포도 줄기에 매달린 동자 등이 그려진 것은 전쟁으로 인한 상처와 아픔을 치유하기 위한 고려인들의 바람과 눈물겨운 애환이 투영된 것이다.

또한 중국과 일본의 자기에 견주어 볼 때 우리나라 자기들의 모양이 비교적 단순하고 색감도 차분한 색이 주조를 이루는 것은 담백하고 모나지 않은 심성의 우리 민족성이 반영되었기 때문이다.

윤 교수의 표현대로 우리 옛 자기들에는 당시 사람들의 삶의 모습과 꿈, 그들의 바람과 추구했던 가치 등이 오롯이 담겨있다. 그렇기에 자기에 대해 예술적 차원의 미감도 중요하지만, 우리 옛 도자기가 갖는 시대적 배경과 특성, 성격을 발견하고 이해하는 것이 더 중요하다고 생각했다.

내가 추구하는 생활 도자기에도 전통을 이어받은 토대 위에 21세기 지금을 살아가는 한국인들의 삶과 꿈, 이야기가 담기고 투영되어야 한다고 말이다. 그래야 생활 도자기로서의 참다운 의미와 가치를 가질 수 있을 것이기 때문이었다.

새로운 시도, 폭발적 호응을 이끌다

『발상의 회로』, 나카가와 료, 2024

경영인이 배척해야 할 가장 위험한 사고방식이 있다면 나는 '스테레오 타입(stereotype)', 즉 고정관념이라고 생각한다. 고정관념은 마음속에 굳어 있어 변하지 않는 사고(思考)를 말하며 특정 집단의 구성원들이 공통으로 갖는 특성이나 행동 양식에 대한 일반적인 믿음을 뜻한다. 뻔한 얘기겠지만 오늘날 엄청난 속도감으로 변화하는 경영환경 속에서 고정관념은 경영상 리스크가 큰 요소 가운데 하나이기도 하다.

나이 어린 사람의 의견을 무시하는 노인들을 비하하는 표현 중에 흔히 사용하는 '꼰대'라는 용어가 있다. 스스로 설정해 놓은 권위에 따라 타인의 말을 무시하거나 자기 생각의 틀에서 벗어나지 못하는 이들을 가리키는 말인데 '꼰대'의 가장 큰 특징이 바로 사람과 세상에 대한 단단한 고정관념에서 벗어나지 못한다는 점이다.

수십 년간 경영인으로 살면서 나는 매 순간 고정관념에 빠지지 않으려 노력했다. 소위 '꼰대'가 되지 않으려 최선을 다했다. 틀에 갇혀 버린 생각과 행동에 기반해 내 관점으로 사람이나 현상을 판단하는 것처럼 어리석고 미련한 일은 없기 때문이다.

대표이사로서 광주요를 이끌 때도 내가 버려야 할 가장 큰 적이 바로 그 고정관념이었다. 그래서 나이와 직책, 성별을 떠나 광주요의 모든 구성원과 스스럼없이 소통해왔고 지금도 신입직원부터 오래된 간부까지 함께 어울려 격의 없이 토론하고 의견을 개진하는 것을 화요그룹의 기업문화로 정착시켰다.

그렇듯 고정관념을 깨뜨리는 일이 내게는 무엇보다 중요했다. 그렇다면 고정관념을 없애려면 어떻게 해야 할까? 나와 다른 생각을 하는 이들의 말에 귀를 기울이고 다각도로 생각하는 능력을 키우는 것이다. 더불어 내 생각과 다른 생각들을 존중해야 한다. 뒤집어 말하면 발상을 바꾸는 것일 거다. 발상의 전환은 고정관념을 깨뜨리는 좋은 방편 중 하나이다. 즉, 고정관념의 반대말은 발상의 전환이라고 말하고 싶다.

발상의 전환이 빛을 발하다, '아름다운 우리 식탁전'

광주요의 경영을 맡은 후 놀랐던 점은 우리나라 사람들의 식탁에서 우리 도자기들이 거의 사라졌다는 사실이었다. 당시 우리 식탁에 오른 그릇들은 문화적 감각이 없는 천편일률적인 사기그릇이 주종이었고 스테인리스나 플라스틱으로 된 저렴한 식기도 많이 사용되었다. 부유층 혹은 일부 식자층에서는 중국이나 서양의 값비싼 도자기를 구매해 사용하는 경우는 있었으나 우리 도자기에는 그다지 관심을 두지 않는 것이 현실이었다.

왜 그런 걸까? 왜 우리나라 사람들은 도자기를 잘 쓰지 않았던 걸까? 그 답은 의외로 간단했다. 우리는 그저 도자기를 예술품으로 생각해 감상용으로 간주하거나 투자가치가 있는 골동품 정도로만 생각했던 것이다. 그러니 한마디로 도자기는 일상생활과는 아무런 관계없는 것으로 치부됐다. 지금은 그나마 조금 나아졌으나 내가 광주요를 맡은 시기는 그런 생각이 대종을 이루고 있었다.

그러나 지금은 값비싼 골동품 혹은 예술작품으로 취급받는 고려청자, 조선백자는 원래 일상생활에서 직접 사용된 식기나 용기였다. 청자와 백자가 그렇게 좋은 그릇이 될 수 있었던 것은 생활과 밀착된 수요가 있었고, 그로 인해 재질이나 디자인 등을 개량하려는 욕구가 컸기에 질 높은 제품이 나올 수 있었던 것이다.

그런 관점에서 저는 우리나라 도자기 문화 부흥의 해답을 '생활'에서 찾았다. 생활 도자기의 필요성을 절감하고, 나아가 도자 문화 전반에 대한 인식의 대전환이 필요하다는 결론에 이르렀다.

내 기억으로 국내에서 최초로 생활 도자기의 이름을 달고 식기가 선보이기 시작한 것은 1970년대 초반 무렵이었다. 당시 서울에서 개최된 남북조절위원회에 북한 관료들을 대접하기 위해 여주에서 급조한 백자 반상기가 사용되었는데 이후 생활 도자기가 보편화되기 시작했다. 이는 조선 말기 일본의 산업 도자기의 영향을 받은 천편일률적인 형태의 반상기였다.

이 백자 반상기는 1988년 서울올림픽 개최가 결정된 1981년부터 사회 전반에 급속히 확산하며 사용되기 시작했다. 그러면서 자연스럽게 여주에서 생산되는 도자기는 일상생활용 도자기로, 이천에서

우리 도자기의 생활화를 이끈 아름다운 우리 식탁전

아름다운 우리 식탁전은 전통에 바탕을 두면서도 현대인들에게 낯설지 않은 식탁 문화를 만들기 위한 좋은 시도였다

생산되는 도자기는 예술 도자기로 인식하는 고정관념이 한국인들의 머릿속에 강하게 똬리를 틀었다.

이러한 잘못된 인식을 바꾸기 위해 내가 생각해 낸 것이 '아름다운 우리 식탁전'이었다. 도자기에 대한 높은 안목을 지닌 소수의 고객은 우리 도자기의 생활화를 갈구하고 있는 분위기였고, 그에 대한 대답이 그들의 미의식을 충족하기 위해 기획된 '아름다운 우리 식탁전'이었던 것이다.

이 전시의 효시가 된 것은 모친이 지인들을 집에 초대해 대접하던 의례(儀禮)였다. 광주요에서 만들고 있는 자기가 우리 전통음식과 얼마나 잘 맞는지 직접 시범을 보이는 기회였다. 전통에 바탕을 두면서도 현대인들에게 낯설지 않은 식탁 문화를 만들기 위한 시도였다. 그런데 집에서 하는 행사이다 보니 참석자들이 제한적이어서 이를 보다 공개적인 행사로 만들어 보자는 의견이 많았다.

그리하여 회사에서는 식탁 문화에 대한 더 심도 있는 연구를 진행하게 되었고 그렇게 개발한 연구 결과를 소비자들에게 선보이기 위해 기획된 것이 바로 '아름다운 우리 식탁전'이었다.

'품격 있는 생활문화의 창출을 위하여'
창의력과 기획력이 이끈 성취

1997년 첫 전시회 성공적으로 개최한 '아름다운 우리 식탁전'은 큰 화제를 뿌리며 매년 성대하게 열리며 광주요의 이름을 널리 알리는 계기가 되었다.

처음에 이 행사를 기획할 때 나는 이 분야에서 우리보다 29년이나 앞선 일본을 역할 모델로 삼았다. 매년 도쿄 돔에서 열리는 식탁전은 일본이 자국 브랜드를 높이기 위해 정부 차원에서 지원하는 큰 행사로 알려져 있다. 아내와 함께 여러 차례 일본의 식탁전을 참관하면서 그 규모와 수준에 놀란 적도 많았다.

하지만 나는 일본의 사례를 통해 배우고 자극을 받았기는 했으나 일본의 방식대로 답습하지는 않았다. '아름다운 우리 식탁전'에서는 발상의 전환을 바탕으로 우리만의 창의성과 아이디어를 녹여 냄으로써 창조적 변화를 시도했다.

대표적인 예가 세계 명품 소품들과 우리 도자기를 조화시킨 것이다. 테이블 구성에는 식기뿐만 아니라 다양한 소품이 필요하다. 그런데 광주요가 생산하는 전통 도자기와 어울리는 다른 전통 공예품들이 거의 사라져 테이블 세팅에 무척 애를 먹었다. 그 때문에 애초 기획했던 테이블 세팅은 불가능했다.

나는 전통 도자기와 어울릴 법한 전 세계 명품들을 구해 함께 배치해 식탁 구성을 완성했다. 그런데 오묘하게도 이질적인 문화적 감수성과 차이점을 넘어서 조화를 이뤘다. 참관인들의 반응도 매우 뜨거웠다. 세계의 명품들과 조화를 이룰 수 있다는 것은, 역설적으로 우리 전통 도자기가 명품의 가치를 내장하고 있다는 사실을 증명하는 것이다.

'아름다운 우리 식탁전'은 우리 전통 도자 식기들은 세계의 명품들과 이질적이어서 어울리지 않는다는 고정관념을 깬 발상의 전환이 없었더라면 결코 성공하지 못했을 프로젝트였다. 더불어 푸짐하고 저렴한 서민 음식으로 잘못 인식된 한식의 품격을 높일 수 있는 계기가 되기도 했다. 광주요에서 만든 고급스러운 자기 식기에 담아내는 음식은 그에 어울릴 법한 격조 높은 음식이 되어야 했기 때문이다.

그런데 '아름다운 우리 식탁전'이 단지 짧은 시간 번뜩이는 아이디어 하나로 성공했다고 생각하는 이들이 의외로 많았다. '소가 뒷걸음질 치다 쥐를 잡은 격'쯤으로 생각하는 것 같았다. 개인적으로는 매우 불쾌하고 안타까웠다.

감동을 주는 아이디어는, 세계 최대의 일본 광고대행사 덴쓰의 크리에이티브 디렉터 나카가와 료가 쓴 『발상의 회로』의 '아이디어는 센스가 아니라 공식이다'라는 부제가 의미하는 것처럼 찰나에 반짝이지 않는다. '아름다운 우리 식탁전'의 모티브가 된 것은 비록 일본의 식탁전이었지만, 단순한 모방이나 찰나의 발상으로 이뤄진 것이 아니었다. 그것은 오랫동안의 시행착오와 피땀 어린 노력의 과정을 거친 프로젝트로 일본의 것과 비교해 질적으로 다른 차원의 결과물이었다.

좋은 아이디어는 머리로만 생각해 낸다는 인식은 매우 잘못된 것이다. 나카가와 료의 주장대로 '발상의 회로'는 머리는 물론 오랜 기간 온몸에 축적되고 쌓여 연결되는 혈관과도 같은 것이기 때문이다.

어쨌든 '아름다운 우리 식탁전'은 많은 사람의 관심을 끌었고 그들에게 우리 전통 도자의 아름다움과 쓰임새를 확인시켜 준 계기가 되었다. 나아가 이천 등지에서 정부 차원의 도자 축제가 개최되도록 하는 데 큰 역할을 했다.

문화, 위에서 아래로 흐르는 권력

『설탕과 권력』, 시드니 민츠, 1998

엄연히 존재했던 강한 문화와 약한 문화

내가 '아름다운 우리 식탁전'을 기획하고 성공할 수 있도록 심혈을 기울인 이유는 고급스러운 우리 상류층의 전통 식탁 문화를 소개함으로써 우리의 생활문화 수준을 끌어올리는 데 있었다.

하나의 국가 혹은 하나의 민족을 놓고 볼 때 그 국가, 민족이 어떤 옷을 입고 어떤 집에 거주하며 어떻게 먹느냐의 문제는 그 나라, 민족의 문화 수준과 특성을 보여주는 지표가 된다. 굳이 언어나 예술 등 고차원의 문화를 따지지 않더라도 한 국가나 민족의 문화적 역량을 가장 먼저 그리고 가장 직접적이며 특징적으로 드러나는 것이 바로 의식주 문화이다.

의식주 문화는 한 국가나 민족의 문화 정체성이자 그 문화의 수준과 특성을 가늠하는 지표가 된다. 분명한 것은 의식주 문화 수준은 그 나라와 민족의 예술 수준과 일정한 정비례 관계에 있다는 사실이다. 의식주 문화 수준이 낮은 나라가 예술적 수준이 높을 수는 없다.

흔히 문화를 정의할 때 문예와 예술을 말하지만, 이는 좁은 의미의 정의이다. 넓은 의미에서 문화는 법과 제도, 생활 방식과 관습 등 모든 걸 아우르는 사람들의 삶 자체이다.

문화는 상대적이다. 즉 인류 문화에서 우월한 문화나 저급한 문화는 없다는 얘기다. 인류학적 관점에서 문화는 흔히 자문화중심주의적 관점, 문화상대주의적 관점 등으로 구분되는데 자문화중심주의적 관점은 자기 문화의 우수성을 과신해 타 문화를 부정적으로 보는 관점이나 태도이다.

반면 문화상대주의는 문화의 상대성을 인정하고 한 사회와 국가의 문화를 그 사회 혹은 국가의 맥락에서 이해해야 한다는 태도나 관점이다. 문화사 연구자들은 문화상대주의적 관점이 문화를 바라보고 연구하는 견해에서 올바른 관점이자 자세라고 말한다.

그런데 문화는 이렇듯 상대주의적 관점에서 봐야 하지만, 인류 역사를 볼 때 강한 문화와 약한 문화는 엄연히 존재해 왔다. 한 문화가 다른 문화를 잠식하고 지배하며 강한 영향력을 지니는 현상은 어느 시대에서나 찾아볼 수 있는 일반적인 사례기 때문이다.

문화의 영향력은 위에서 아래로 흐른다

강한 문화는 약한 문화를 만나 충돌하게 되고 결국에는 흡수하고 만다. 강한 문화를 더 선진화하고 진보한 상위문화라고 바꿔 말하면, 상위에 있는 문화의 영향력은 아래로 흘러 하위문화를 잠식하는 것이다.

유럽에서의 포크 문화 사례를 들어보자. 유럽 왕실을 비롯한 상류층에서 음식을 먹을 때 포크를 사용하기 시작한 것은 16세기 이후로 알려져 있다. 그런데 영국 귀족들은 17세기 후반까지 손으로 음식을 집어 먹었다고 한다. 14세기 무렵부터 포크를 사용하기 시작한 이탈리아에 비하며 무려 3세기 이상 늦은 것이다.

아마도 17세기에 영국을 방문한 이탈리아 귀족들은 손으로 음식을 먹는 영국인을 야만인 취급했을 것이며, 영국인은 그런 이탈리아인들의 포크 문화를 선망했을 것이다. 결국 이른 시일 내에 영국에도 포크를 사용하기 시작했다.

문명이 포크를 사용하는 방향으로 흘러간 것은 손으로 음식을 먹는 것보다 포크를 사용해 식사하는 것이 문화적으로 우위에 있음을 의미한다. 언제 어디서든 상위문화가 하위문화를 잠식하는 게 일반적이라는 사실이다.

이처럼 강한 문화 혹은 상위문화가 약한 문화와 하위문화를 흡수하게 되는데 이 문화의 흐름 역시 상류 계층에서 자연스럽게 아래로 흐르게 된다. 즉 상류층에서 향유되던 문화가 서서히 밑으로 침윤되어 중류층과 기층으로 흘러들어가는 것이다. 이는 기층에 속하는 사람들이 상류층 문화를 동경하며 따라 하는 현상에 따라 이뤄지는 것인데 포크를 사용하는 문화에서처럼 과거 유럽의 왕실에서 통용되던 문화들이 점차 귀족들이 누리게 되고 이는 다시 돈 많은 상인에게 그리고 평민에게 물 흐르듯 퍼진다.

이와 같은 문화의 잠식 현상, 즉 문화는 위에서 아래로 흐르는 권력임을 잘 설명해 주는 저작이 시드니 민츠의 『설탕과 권력』이다. 대항해 시대 이후 열린 제국주의의 식민지 쟁탈전 와중에 설탕의 자원으로서의 가치와 그로부터 촉발된 경제와 권력의 문제까지 다룬 이 책은 설탕의 소비 범위가 일부 특권층에서 가난한 천민들까지 넓혀져 가는 과정을 통해 문화 흐름의 사회학적 의미를 탐구한다.

저자에 따르면, 호사품의 지위에서 보편적 감미료의 지위까지 격상한 설탕의 소비 확산이 제국주의 시대의 식민지와 노예 제도를 비롯해 다양한 문화들의 충돌 과정에서 근대성을 획득하며 상위문화가 하위문화를 복속시키는 과정을 잘 보여준다고 설명한다.

"······1650년이 되었을 때 잉글랜드에서는 귀족들과 부자들이 우선 상습적인 설탕 소비자들이 되어 있었으며, 그리하여 설탕은 의약으로 사용되기도 하고 문학적인 표현으로 등장하기도 하고 신분을 나타내는 표시가 되기도 했다. 1800년에 이르면 설탕은 아직도 비싸고 희귀한 것이기는 했지만, 모든 영국인의 식탁에서 필수품이 되었다. 1900년이 되었을 때는 설탕이 영국인의 식사에서 총 칼로리의 거의 5분의 1을 공급해 주게끔 되었다. 어떻게 왜 이런 일이 발생했는가?······(중략)······1650년에 대영제국에 속한 삶들은 전분을 주식으로 하는 식사를 했다. 그러나 단 한 세기 만에 그들은 다른 형태의 식사를 향해서 움직이기 시작했고, 그 이후로 다른 사회들도 그런 방향으로 따라 움직이게 되었다. 이러한 변화는 일종의 근대화를 예증해 주는 것이다."

(『설탕과 권력』 45~59쪽 일부)

시드니 민츠가 쓴 것처럼, 영국에서 설탕 소비는 상류층의 소비에서 시작해 중산층과 일반 대중에게 퍼지며 식사의 맛을 내는 보조식품으로서 자리를 확실하게 점하게 되었다. 요컨대, 설탕 소비는, 문화는 위에서 아래로 흐른다는 공식을 그대로 따른 사례라고 할 수 있다.

전통문화의 확산, 상류층의 역할이 중요

이처럼 최고 권력층이 즐기고 누리는 문화는 동서고금을 막론하고 누구에게나 따라 하고 싶은 부러움의 대상이 되어왔다. 그래서 권력층 아래 계층에 속한 이들이 자기 수준에서 그 문화를 모방하고 향유하려는 의지를 보이는 것은 당연한 이치일 것이다.

과거 우리나라에서도 왕실의 문화가 양반이나 사대부의 문화로 흘러가고 이는 다시 평민들의 문화로 흘러갔던 게 바로 이런 이유 때문이었다. 그렇기에 전제군주 시대에는 지배층의 문화가 그 나라의 문화를 대표하는 문화로 인식되었다.

이와 관련해 한국 음식 중 한 예를 들면, 지금 우리가 즐겨 먹는 두부전골은 원래 복잡한 조리법을 가진 왕실의 음식이었다고 한다. 궁중에서 음식상 옆에 화로를 놓은 뒤 그 위에 전골틀을 올려놓고 두부를 비롯해 다양한 음식 재료를 볶으면서 먹는, 손이 많이 가는 고급 음식이었다. 그러던 것이 일반 서민들도 즐기는 단순화한 형태로 바뀌어 지금은 평범한 식당에서 누구나 즐길 수 있는 대중 음식이 되었던 것이다.

전통문화든, 현대의 문화든 문화상품의 생산과 소비는 한 국가의 부와 국격과 직결되는 중요한 과정이었으며 앞으로도 그럴 것이다.

오늘날 시대는 과거처럼 군사력이 아닌 문화로 국가 역량을 가늠하는 시대이기 때문이다.

지난 시대에는 군사 강국이 강대국으로 인정되었으나 군사적 파워는 일시적이고 깨지기 쉽다. 반면 문화의 힘은 강하고 오래간다. 과거와 달리 이제는 문화 강국이 강대국으로 인정받는 시대가 된 것이다.

이러한 사례는 오늘날은 물론 과거에서도 찾아볼 수 있다. 침략전쟁을 통해 인류 역사상 가장 넓은 땅을 차지했던 몽골제국은 유럽 영토까지 차지할 정도로 엄청난 군사력을 지녔지만, 그들은 강한 문화 앞에서 맥없이 허물어졌다. 한때 전 세계 땅의 절반을 점유했던 그들이었으나 문화를 지배하지 못한 이유로 패망할 수밖에 없었던 것이다.

명나라 이후 중국 강토를 지배했던 만주족도 마찬가지였다. 그들은 누르하치라는 빼어난 지도자 덕분에 강한 군대를 발판 삼아 명나라를 제압하고 청나라를 세웠지만, 자민족의 문화를 발전시키지 못한 채 한족의 문화에 동화되었다.

그런데 여기서 주목해야 할 사실은, 예나 지금이나 문화의 생산과 소비에서 상류층 혹은 그에 걸맞은 문화적 안목을 가진 이들의 역할이 매우 중요하다는 점이다. 결국 문화는 위에서 아래로 흐르기 때문이다.

과거 전통 시대에는 상류층 혹은 지배계층이 고급문화의 생산을 담당하는 주체였다. 설사 타국의 지배를 받거나 침략을 당해도 선진문화를 수용해 그것을 자국 혹은 자민족 전통과 버무려 새로운 전통문화로 만들어야 할 의무가 있었다.

이렇게 토착화한 새로운 문화는 다시 전통이라는 이름으로 이어지며 확산해 그 국가와 민족을 대표하는 전통문화로 자리매김할 수 있다. 더욱이 이렇게 만들어진 문화는 시장원리에 의해 국가와 민족의 이익에 이바지할 수 있을 것이다. 이러한 사실은 지금도 크게 다르지 않다.

이 때문에 어떤 하나의 문화를 확산시키려 할 때 가장 효과적인 방법이 바로 상류층이 누릴 수 있도록 해야 한다는 것이다. 더불어 상류층이 향유하게 하려면 고급화 전략은 필수적이다.

내가 '아름다운 우리 식탁전'에서 추구했던 것도, 처음 생활 도자기의 콘셉트를 잡은 것도 마찬가지로 상류사회의 취향과 안목에 맞춘 고급화 전략이었다. 그렇다고 내가 문화의 고급화만 시도했던 것은 아니었다. 대중화에도 깊은 의지를 갖고 있었기 때문이다. 다만 문화란 위에서 아래로 흐른다는, 변할 수 없는 진리를 잘 알고 있었기에 먼저 상류층이 누릴 수 있는 제품의 생산이 먼저였다. 그리고 그러한 나의 관심은 생활 도자기에서 자연스럽게 우리 음식으로 이어졌다.

4장

개척자

분석하고 응용하고 창조하다

『티핑 포인트』, 말콤 글래드웰, 2000

"우리 집에서 밥 한 끼 하실까요?"

광주요의 대표이사가 된 이후부터 나는 조금씩 우리의 전통문화와 도자기의 참맛을 느껴 가고 있었다. 대한민국 최초로 생활 도자기를 개발했으며 문화를 고급화해야 경쟁력이 있다는 점도 깨달았다. 문화의 영향력은 상류층에서 기층으로, 위에서 아래로 흐른다는 것을 절감했을 때의 전율은 지금도 잊지 못한다. 더불어 앞으로의 글로벌 경쟁은 문화전쟁이라는 양상으로 나아갈 것이라는 사실 또한 온몸으로 체험하게 되었다.

그렇다면 광주요는 어느 방향으로 나아가야 할 것인가. 나는 생활 도자기를 만들기 위해 '아름다운 식탁전'을 열었다. 도자기의 실용화를 위해서 꼭 필요한 과정이었고 엄청난 호응을 끌어내며 성공시켰다. 그런데 가슴 한편으로 뭔가 텅 빈 것 같은 허전함이 느껴졌다. 오래전부터 무의식 속에 잠겨 있던, 알 수 없는 물음이 자꾸 귓등을 건드렸다.

그래, 아무리 아름답고 예술적인 자기를 만들어 훌륭한 식탁을 차리면 뭐 해? 자기만 갖춰진 식탁은 영혼 없는 몸뚱이와 같은 것 아닌가. 아무리 번드레하게 상을 차려 봐야 그에 걸맞은 훌륭한 음식이 없다면 무슨 소용인가. 그릇의 가장 중요한 존재 이유는 음식을 담아내는 것이라는 사실에 생각이 닿자, 내 무의식 속에 자리해 끊임없이 내 정신을 채근했던 물음의 실체를 알게 되었다.

도자기가 발달했던 국가들의 공통점은 궁중을 중심으로 한 문화가 발달했고, 그 덕분에 궁중 음식과 그를 담아낸 도자기, 함께 마시는 술이 널리 퍼졌다. 역사적으로 모든 문화의 근원이 음식인 만큼 도자기의 세계화를 위해서는 우리 음식과 술, 특히 음식인 한식의 세계화가 필수였다.

한식의 경쟁력, 한식의 엄청난 부가가치에 관한 생각은 내가 늘 마음속에 지니고 있었던 화두였다. 그러나 현실은 냉혹했다. 대부분 한국인은 정작 한식의 가치와 가능성을 제대로 인식하지 못하고 있었고 서양의 요리와는 달리 한식을 얕잡아 보는 경향도 없지 않았다. 우리 스스로 그저 한 끼니를 때우는 수준의 음식 정도로 받아들이는 게 현실이었다.

사실 한식은 우리나라가 내세울 만한 대표적인 기본생활 문화 가운데 마지막으로 남은 최후의 보루(堡壘)였다. 의식주 가운데 이미 입는 옷과 주거 형태는 서구화되었고 이는 세계 대부분 나라가 마찬가지이다.

그러나 음식은 좀 달랐다. 국가나 지역, 민족마다 제각각인 음식 문화는 하나의 특정 음식문화가 세계를 제패하기는 무척 어렵다. 그래서 한식이 가진 장점을 잘 살리고 세계인들의 입맛에 맞게 변화시킨다면 세계 제패는 아니더라도 세계인들이 즐겨 찾을 수 있는 경쟁력 있는 상품이 될 수도 있겠다 싶었다.

다양한 오피니언 리더들이 참여했던 성북동 만찬회

성북동 만찬회는 우리 전통 도자 식기와 훌륭한 한식의 조화를 체험시키기 위한 좋은 기회가 되었다

한식의 경쟁력을 찾으려면 우리 음식을 '끼니'를 때우는 수준에서 모두가 자부심을 품고 자랑할 수 있는 훌륭한 '요리'로 만들어내는 일부터 시작해야 한다고 생각했다. 끼니는 약한 문화이고 요리는 강한 문화였다. 나는 광주요의 예술적이고 아름다운 생활 도자기에 어울릴 법한 훌륭한 한식 메뉴를 개발해 세상에 내놓고 싶은 욕구가 불타올랐다.

나는 고심 끝에 내 집의 식탁을 개방하기로 했다. 물론 아내의 동의와 협조가 없으면 불가능한 일이었다. 이른바 '성북동 만찬회'는 1998년 그렇게 시작되었다. 성북동의 한적한 주택가에 자리한 우리 집은 우리 사회의 오피니언 리더들을 초대해 우리 전통 도자 식기와 훌륭한 한식의 조화를 체험하기에 알맞은 장소였다.

한 달에 한두 차례 여덟 명 내외의 사람들을 모셔와 다양한 한식의 정수를 선보였다. 그동안 전 세계를 돌아다니며 익히고 쌓은 우리 부부의 지식과 안목을 총동원해 코스 요리로 식탁을 꾸몄다.

'분석하고 응용해 창조해 낸 요리'
전통과 퓨전의 앙상블로 태어난 명품 한식

고급 도자기에 담아 코스로 나온 요리를 대하고는 참석자들의 질문이 쏟아졌다. 지금이야 코스로 나오는 한식집이 지방마다 곳곳에 널려 있으니 전혀 이상할 리 없겠지만, 당시로서는 기존의 한식 상차림과는 너무 이질적인 식탁과 서빙 방식에 의아했을 것이다.

'한식을 왜 서양요리처럼 코스로 먹어야 하느냐'는 질문부터 '한식의 특징이 푸짐하게 차려내는 것인데 음식의 양이 너무 적은 것 아니냐', '값비싼 도자기에 담아내는 게 부담스럽다', '전통 방식이 아니어서 당황스럽다' 등 다양한 의견들이 참석자들의 입을 통해 쏟아져 나왔다.

그런데 그 질문과 의견들이 내게는 값진 보물과도 같았다. 그런 질문과 의견에 대한 답을 정리하고 대안을 제시하는 것이 세계에서 통할 수 있는 명품 한식의 메뉴를 만들어 가는 과정이었기 때문이다. 당시로서는 아직 '한식 세계화'라는 개념이 내 머릿속에서 아직 구체화하기 전이었지만, 한식 세계화에 대한 내 이상과 철학이 다져지는 계기가 되었던 것이다.

'성북동 만찬회'에 참석한 이들이 전통 한식에 대한 고정관념을 바탕으로, 낯선 재료로 만든 음식이나 색다른 상차림에 지적하면 나는 그들에게 반대로 되물었다.

그동안 전통 방식으로 구성한 상차림만이 한식으로 받아들여야 하느냐고, 인류 문명의 식문화를 비롯한 모든 문화는 충돌과 교류를 통해 무수한 몸 섞음의 결과가 아니냐고, 새로운 것을 받아들이지 않고 발전해 온 문명이 이 세상에 어디 존재하느냐고.

지구상에 퓨전이 아닌 문명은 없었다. 우리나라도 마찬가지였다. 현재 우리가 즐겨 먹는 고추나 옥수수, 감자 등 수많은 식자재는 외국에서 들여온 것이다. 17세기 이전에 우리나라 김치는 고춧가루가 없는 희멀건 김치였다.

전통 한식의 가장 큰 특징은 주식인 밥과 반찬이 구분된다는 점이다. 반찬은 밥에 곁들이는 보조 음식으로 다양한 생채소와 말린 나물, 발효음식인 김치와 젓갈류, 발효 장류인 고추장과 된장, 간장 등으로 구성된다. 세계 어느 나라의 음식과도 차별점을 가진 고유한 특성이라 하겠다.

여기에 음식의 풍미를 더해 주는 마늘, 파, 생강, 들깨 등 양념 또한 세계 어느 곳에서도 찾아볼 수 없을 만큼 훌륭하고 사용법도 다양하다. 미래학자 앨빈 토플러가 '제3의 맛'으로 정의한 발효의 맛은 우리 선조들의 지혜로 만들어 낸 걸작이다. 5000년 역사 속에서 축적해 온 발효 기술의 진수라고 할 수 있다.

그런데 이들에 대해 반찬이라는 이름으로 서열화해 따로 값을 치르지 않고 공짜로 제공하며 이들의 가치를 우리 스스로 퇴색시켜 버렸다. 하나의 요리처럼 그 가치를 대우해 주지 않으면 더는 발전할 수 없다. 돈을 받지 않는 반찬이라는, 보조 음식의 위치에 머물러 있으면 요리로 발전하는 데 한계가 있는 것이다.

그런 현실이 나는 무척 안타까웠고 한식에 변화를 줌으로써 새로운 가치를 입을 수 있다는 사실을 깨달았다. 특히 반찬이라고 취급해 온 것들도 변화를 거쳐 훌륭한 요리로 개발해 그 가치를 인정받을 수 있도록 하는 것이 내가 맡은 책무라고 느꼈다.

'성북동 만찬회'는 해가 갈수록 많은 이들이 참석하면서 우리 사회에 작은 파문을 만들어냈다. 우리 사회의 각 분야 오피니언 리더들에게 한식에 관한 관심을 환기시켰고 주류 언론에서도 취재할 만큼 주목을 이끌었다.

그러나 우리 한식을 어떻게 변화시키고 세계화를 끌어내야 할지에 대한 진지한 토론과 담론화를 하기에는 '성북동 만찬회'로는 부족했다. 이제는 그동안 축적된 노하우를 더 고도화해 구체적으로 실천에 옮겨야 했다. '성북동 만찬회'를 통해 전통 한식에 대해 분석하고 응용해서 창조해 낸 새로운 한식을 시험해 볼 단계에 이르렀던 것이다. 2000년에 들어서면서 나는 '성북동 만찬회'를 잠정적으로 중단하고 새로운 시험에 착수하게 되었다.

새로운 차원의 한식당, 가온의 탄생

2002년 나는 한식당 '가온'을 차리기 전 도산사거리에 있던 광주요 사무실 아래층에 '스튜디오 가온'을 꾸몄다. 음식 연구와 새로운 한식 메뉴 개발을 위한 전초기지였던 셈이다. '성북동 만찬회'를 열며 스태프들과 함께 한식과 그것을 담은 그릇, 상차림 등 5년여의 연구를 통해 대강의 메뉴를 만들어 놓은 뒤였다.

나는 5명의 국내 최고 수준의 요리사들을 모셔와 본격적으로 한식 메뉴를 개발하고 이를 직접 요리로 만들어 시식한 후 회의를 통해 고쳐 나가는 과정을 반복했다. 각 지방의 특색 있는 요리를 찾아 탐구하고 이를 변형하는 작업도 병행했다. 식자재는 최고의 선도를 유지한 것만 썼으며 우리 음식의 기본이 되는 장 맛을 제대로 내기 위해 소금 하나 고르는 데도 심혈을 기울였다.

'성북동 만찬회'에서는 음식을 어떤 도자기에 어떻게 담아낼지 시행착오를 거치며 시도했다면, 이제는 다양한 요리를 만들어 내고 이에 어울리는 그릇을 디자인할 순서였다. 그릇이 완성되면 그에 맞는 요리를 담아 보고 시식도 하고 전 스태프가 모여 함께 평가하는 작업도 동시에 진행했다. 한식당 '가온'을 열기 수개월 전부터는 홀을 책임지는 매니저와 서비스 도우미들을 뽑아 음식과 술, 서비스법을 매뉴얼에 따라 철저히 교육했다.

실내 인테리어는 물론 모든 집기, 식기도 최고 수준의 것으로 준비했다. 광주요가 만든 고급 도자기를 식기로 썼고 스푼과 포크는 세공이 정교한 은제품으로, 식탁을 덮을 식탁보와 기타 인테리어 제품들도 손으로 짠 아름다운 무명과 비단을 재료로 한 고급품을 택했다. 물론 코스 요리와 서빙도 '가온'만의 차별화한 음식과 서비스로 채웠다.

나는 '가온'이 한식의 가능성을 보여주는 전시장이자 실험실이라고 생각했다. 나아가 한식 세계화의 '티핑 포인트(Tipping Point)'가 될 것임을 확신했다. 본래 물리학에서 유래한 이 개념은 작은 변화들이 축적되어 임계점을 넘어섰을 때 큰 변화가 나타나는 순간을 의미한다.

영국 출신의 저널리스트인 말콤 글래드웰은 자신의 책 『티핑 포인트』에서 '허시파피'라는 신발 브랜드의 부상을 예로 들어 '티핑 포인트'를 설명했다. 『티핑 포인트』는 사회적 유행의 작동원리를 분석한 책으로, 서서히 진행되던 것이 갑자기 폭발적인 인기를 끄는 성공 신화를 다뤘다.

1990년대 중반 거의 망한 브랜드였던 허시파피가 어느 순간 갑자기 입소문이 퍼지면서 판매량이 급증하더니 미국 젊은 남성들의 필수

아이템이 되었다. 그 과정에는 누구도 눈치채지 못하는 법칙이 있는데 바로 입소문, 임팩트 그리고 특수한 상황이라는 세 변수가 있었다. 그 세 변수가 정확히 맞아떨어지는 지점이 바로 '티핑 포인트'라고 저자는 강조한다.

'가온'을 준비할 당시 '성북동 만찬회'를 통해 우리 사회의 오피니언 리더들에게 새롭게 변신하고 있는 한식을 소개함으로써 입소문이 날 수 있는 환경이었으며, 그때 선보인 한식 메뉴들은 충분히 임팩트가 있었다. 더욱이 그즈음은 한식에 관한 관심이 서서히 증폭되던 시기라는 특수한 상황이었다고 보면 '가온'의 탄생은, 한식 세계화의 물꼬를 틀 수 있었던 '티핑 포인트'였지 않나 싶다.

가온, 한식당의 신기원을 열다

『마케5팅 카사노바』, 김기완 외, 2008

청담동 도산공원 앞에서 문을 연 고급 한식당 가온의 현대적인 외관

2003년 11월, '가온'은 많은 이들의 관심 속에 청담동 도산공원 앞자리에서 문을 열었다. '가운데'라는 의미의 순우리말로 한식 세계화의 중심이 되어 세계로 뻗어 나가겠다는 의지를 담은 '가온'의 이름을 지은 지 꼭 1년 만의 개점이었다.

당시로서는 '가온'의 등장은 요식업계의 센세이셔널한 사건이었다. '가온식'으로 명명될 정도의 유일무이한 코스 식이라는 한식의 새 지평을 열었고, 건물 디자인도 유례를 찾아볼 수 없을 만큼 독특했기 때문이었다.

사실 건물의 외피는 차별화한 한식당을 표방했기에 기존의 고급 식당들과는 달라야 했다. '가온'이 표방한 현대화된 한식 코스 요리를 선보이는 고급 한식집이라는 콘셉트에 대해 국내 전문가들과 여러 차례 머리를 맞대고 상의했으나 방향을 쉽게 잡지 못했다.

한식당이라는 이유로 많은 이들이 한옥을 추천했는데, 나는 한옥이라도 현대식 감각을 접목한 미래 지향적인 한옥의 형태를 지녀야 한다고 주장했다. 단순히 한옥의 모양만 따라 한다면 그것은 정말로 게으르고 고지식한 생각에 불과했다.

고심 끝에 일본의 슈퍼포테이토사 스기모토 다카시(杉本貴志) 씨에게 맡기기로 했다. 그는 도쿄에서만 다섯 곳이 넘는 레스토랑을 직접 운영하고, 한국 음식에도 관심이 큰 성공한 경영자였다.

시대를 앞서간 한식당

애초에 한옥을 염두에 뒀으나 스기모토의 설계로 완성된 '가온'의 모습은 갤러리가 연상될 정도 예술적 감각이 도드라지게 표현된 건물이 되었다.

우선 외관은 수백 개의 알루미늄 봉으로 둘러싸여 현대적 감각이 물씬 풍기는 동시에 세련된 기하학적 미감이 눈길을 끌게 했다. 흡사 영화 〈스타트렉〉에서나 나올 법한 미래로 들어가는 웜홀 같은 느낌의 출입구는, 차원을 뛰어넘어 새로운 한식의 세계로 진입하는 기분이 들게끔 했다. 출입구 위편에 정사각형의 동판에 쓰인 'Korean Restaurant GA ON 가온'이라는 간판도 이국적이었다.

'가온'은 지하층부터 3층까지 모두 4개 층의 공간으로 나뉘었는데 주방과 손님 대기실은 1층에, 지하층과 2층이 손님들이 식사하는 공간, 3층이 직원 휴게실과 창고로 구성되었다. 1층에서 요리가 만들어지면 한층 위쪽과 아래쪽으로 서빙이 이뤄지게 한 독특한 방식이었다.

'가온'에서 가장 특징적인 부분으로 주목을 받은 공간은 식당 문을 열고 들어서는 순간 오른편에 펼쳐지는 개방형 주방이었다. 당시까지도 음식점에서 누구라도 들여다볼 수 있도록 주방을 개방한다는 것이 상상조차 할 수 없는 금기였는데 내 의지대로 과감히 시도한 것이다. 신선한 음식 재료가 눈앞에서 준비, 조리되는 모든 과정을 손님들이 직접 확인할 수 있게 해 주고 싶었기 때문이었.

주방 내부 한쪽에는 광주요에서 생산한 고급 도자기를 진열해

세간에 화제를 뿌린 가온의 개방형 주방의 모습

  품격 있게 손님을 맞도록 했으며 출입문 왼쪽에는 최고 요리에 걸맞은 개방형 와인 저장고를 뒀다. 주방을 지나 오른쪽 벽 전체에는 국산 오미자, 매실 등 열매와 더덕, 인삼 같은 뿌리를 담가 발효 중인 술병을 진열해 손님들의 눈길을 끌 수 있도록 했다.

  2층과 지하층은 손님들이 식사하는 공간이기 때문에 각별히 디자인에 신경을 썼다. 2층으로 올라가는 계단 오른쪽 벽면 전체는 색동을 모티브로 한 오방색으로 연출했다. 또 2층 벽면은 오래된 신문지를 한 장 한 장 쌓아 시간의 흐름을 상징화하는 모던한 공간으로 만들었다. 홀 안에 대나무를 천장까지 높이 올려 자연

친화적 느낌도 가미했으며 창밖으로는 도산공원의 녹음을 직접 눈으로 확인할 수 있는 시원한 풍광도 펼쳐졌다.

지하층의 경우 전통적인 느낌을 좀 더 살려 나무와 돌, 고가구로 장식해 한식당으로서의 분위기를 한층 살렸다. 조명과 벽지까지 현대적이지만 한국의 미를 느끼게 해 주는 아이템을 사용해 더욱 고급스러운 디자인을 시도했다.

돌이켜보면 한국적 미감과 디자인을 더 깊이 고민하지 못한 아쉬움도 있다. 설계부터 디자인까지 외국인에게 맡기다 보니 한국적 느낌보다는 그저 현대적인 식당의 모습에 더 가까웠던 것도 사실이다. 그래서인지 문을 연 뒤 색깔을 바꿔 보려 여러 차례 내부 개조를 시도했지만, 근본은 바꾸지는 못했다. 잠재 소비자의 기호와 취향을 내 기준으로만 판단한 것도 실수였다.

하지만 어찌 첫술에 배가 부르랴. 당시까지만 해도 '가온'의 건물 디자인은 선례가 없었던 혁신적인 시도였으며 시대를 앞서간 한식당으로 큰 의미를 지닌다. 이후 아름다운 디자인의 한식당들이 속속 선보였던 점을 상기해 보면 '가온'이 고급 한식당의 이정표와 같은 역할을 했다는 사실이 뿌듯하고 감개무량하다.

새로운 한식 메뉴의 가능성을 타진하다

하지만 무엇보다 '가온'이 한식당의 신기원을 이뤘던 것은 새로 개발된 한식의 메뉴 때문이었다. 내가 '가온'을 통해 실험하고자

한 것은 전통을 바탕으로 새롭고 다양한 식자재를 접목, 현대인들의 입맛에 맞고 세계인들이 함께 즐길 수 있는 고급 한식의 창조였다.

새로운 개념의 한식당을 위해서는 가장 중요한 것이 주방장을 뽑는 일이었다. 그런데 한식을 하는 사람들은 내가 하는 시도에 대해 가재눈을 하고 쳐다보거나 별 관심을 두지 않았다. 한식 요리 전문가로 명성이 자자한 이들을 만나 봤으나 그들은 '이것만이 한식'이라는 고착된 요리법에 매몰되어, 한결같이 폐쇄적이고 경직된 사고방식에 푹 젖어 있었다.

이미 퓨전화된 일본 음식과 중국 음식, 이탈리아 음식이 세계 최고의 위치에서 자국 음식으로 인정받고 큰 인기를 누리고 있는 상황에서 한식의 퓨전화도 시대의 요구가 되었다는 사실을 전혀 깨닫지 못하고 있었다. 그들 사이에서는 '퓨전은 한식이 아니다'라는 인식이 팽배했다. 그런 현실이 나는 무척 안타까웠다.

새로운 한식 메뉴를 개발하는 데 자극을 받았던 경험이 있다. 2001년 10월 상하이의 고급 식당인 '예상하이(夜上海)'를 방문한 적이 있었는데 당시 게살과 해삼, 전복이 곁들여진 게 요리를 접하고 나서였다. 일본산 전복을 쓴 그 요리에 대해 내가 퓨전 요리가 아니냐고 물었더니 종업원이 당당하게 '새로 창작한 중국요리'라고 답하는 게 아닌가.

나는 머리를 한 대 맞은 듯했다. 일본산 재료를 쓰면 당연히 일본 음식이라고 생각했던 고정관념이 깨지는 순간이었다. 그러나 아니었다. 어떤 곳의 식자재를 쓰든, 우리 식으로, 우리 방식의 요리법으로 만들면 우리의 요리가 되는 것이다. 그 후부터 나는 끝없는 상상력을 바탕으로 무궁무진한 한식 메뉴를 개발할 수 있다는 자신감과 확신이 생겼다.

자기 나라에서 생산되는 식자재만 고집하거나 기존 요리의 레시피에 국한된다면 새로운 요리의 확장성은 크게 줄어들 수밖에 없다. 세계의 모든 음식 재료를 전통 한식에 접목할 수 있으며 조리법도 다양하게 변화를 준다면 우리 한식의 지평을 넓히는 동시에 세계인의 입맛에 어필할 수 있는 요리를 얼마든지 만들어 낼 수 있는 것이다. 과거 전통만 고집하고 거기에 매몰되어 있으면 앞으로 나갈 수 없다. 그것을 현재로, 현재 누릴 수 있는 것으로 바꿔야 했다.

그러다 보니 선입견이 강한 정통 한식 요리사보다는 개방적인 마인드를 가진 셰프가 '가온'의 주방장을 맡는 게 맞겠다고 생각했다. 그리하여 당시 음식 전문 케이블 TV에서 퓨전 요리 프로그램을 진행하던 윤정진 셰프를 비롯해 김희진 셰프, 김병진 셰프 등으로 라인업을 짰다. 굳이 이들의 성향을 따진다면 한식보다는 양식에 가까웠다.

가온과 한식의 '마케팅 카사노바'가 되고자 했다

나를 비롯해 '가온'의 모든 스태프는 새로운 한식에 대한 소비자들의 마음을 얻기 위해 무수한 노력을 했다. 특히 처음부터 '가온'은 해외 진출을 염두에 두고 준비했기 때문에 외국인들의 입맛을 사로잡는 최고의 한식당으로서 자리매김하는 것을 가장 큰 목표로 삼았다.

그 이유는 외국인들은 우리나라 사람들보다 한식에 대한 편견이 훨씬 적기 때문에 새로 개발한 '가온'의 한식 메뉴에 대해 객관적 평가가 가능하리라 생각됐기 때문이다. 혹시라도 좋은 평가를 받으면 그게 바로 외국인들에게 어필할 수 있는 스타 음식으로서 자리매김할 수 있으리라 생각했다. 그러면 자연히 한국인들에게도 주목을 받을 수 있을 것이기 때문이다.

더불어 당장 수익에 목을 매지는 않았다. 수익에 신경을 쓰다 보면 현실과 타협하게 되는 빌미가 생길 수도 있다. 단기간에 이익을 낼 수도 없다는 사실을 스스로 모를 리 없었다.

그런 면에서 나는 '가온'의 '마케팅 카사노바'가 될 결심을 했다. '한번 찍은 고객은 반드시 사로잡는 작업의 정석'이라는 부제가 붙은 『마케팅 카사노바』에 나오는 '마케팅 카사노바'라는 용어는 어떤 시장 상황에서든 소비자들의 마음을 얻어 구매로 연결하며 매출을 창출해 내는 마케터를 의미한다.

바람둥이의 대표 격이자 난봉꾼의 대명사처럼 알려진 인물인 카사노바는 사랑에 빠질 때마다 상대방의 마음을 얻기 위해 목숨을 걸었다고 한다. 그리고 결국에는 그 마음을 얻고야 만다. 이 책은 급변하는 시장과 고객의 마음을 정확히 읽어야 하는 마케터의 자세와 마인드를 잘 설명해 주고 있다.

사랑하는 사람과 만나 그 사랑을 유지하기 위해 집중하고 상대가 원하는 것에 늘 골몰하듯, 고객을 애인처럼 생각하고 원하는 바를 정확히 알아채는, 이른바 '마케팅 카사노바'가 되라는 것이다.

나는 '가온', 더 넓게 얘기하면 한식의 '마케팅 카사노바'를 자청했던 것이다. 그렇다면 소비자들이 원하는 것을 얻기 위해 무슨 노력을 해야 했을까. 앞에서도 누차 언급했듯 답은 하나, 바로 한식의 고급화였다. 충분히 고급화할 수 있는 역량을 지닌 한식은 값싸고 푸짐하게 먹는 저급한 음식으로 오해되어왔다.

기존 한식 메뉴의 조리법에 변화를 주고 신선한 식자재와 고급스러운 음식 재료를 결합해 고급 요리 메뉴를 만들어 한식에 대한 왜곡된 시각과 편견을 뒤바꾸는 일이었다.

한식 세계화의 이니셔티브

『한식이 세계를 경영한다』, 문화관광부, 2005

'가온'은 한식 세계화의 가능성을 보여주며 한식당의 신기원을 연 최초의 사례였다. 최고의 한식당으로 입소문이 나면서 '가온'을 찾는 고객의 계층도 점차 다양해졌다. 문을 연 지 1년쯤 지나서는 해외에도 알려졌고 일본의 유력 여성지인 〈가정화보(家庭畫報)〉에서 특집기사로 다뤄졌으며 한국 미식가 그룹이 뽑은 한국 10대 음식점에 선정되기도 했다.

그러나 아직도 많은 이들의 인식 속에는 아직도 한식은 그저 값싸고 푸짐하게 한 끼니를 때우는 음식이라는 고정관념을 갖고 있다. 그렇기에 비교적 높은 '가온'의 음식 가격에 저항이 거셌고 전통 한식 메뉴와는 다른 메뉴 구성에 불만이 컸다.

재미있는 사실은, 가격에 대한 불만은 대부분 우리나라 사람들에게서 나온 것이고 외국인들이 음식값을 문제 삼은 일은 없다는 점이었다. '가온'의 음식 가격이 비싼 것이 사실이었으나 당시 국내의 고급 이탈리아 레스토랑이나 고급 일식집, 프랑스 식당 등과 비교해 그리 비싼 것은 아니었다. 단지 한식이 그렇게 비쌀 필요가 없다는 고정관념에 따른 착시 현상일 따름이었다.

한식을 고급화해야 하는 이유

'가온'은 한식의 고급화를 위해 탄생한 식당이었다. '가온'이 등장하기 전까지 고급화를 전략으로 내세웠던 한식당은 해외는 물론 국내에서도 거의 찾아보기 힘들 정도였다. 앞에서도 언급했듯 한식은 값싼 음식이라는, 우리 스스로 만들어 낸 어이없는 고정관념의 결과였다.

세계적인 음식 선진국으로 알려진 이탈리아, 프랑스, 일본, 중국 같은 나라들의 음식은 대개 고급 음식과 대중적인 음식으로 나뉜다. 그런 나라들에서 고급 요리는 보통 궁정이나 부유한 귀족층의 전유물로 향유되다가 그들에게 고용된 요리사들을 통해 대중에게 전해졌다.

르네상스 시대에 이탈리아 피렌체에서는 궁정의 대연회가 시작되기 전, 음식의 견본을 광장에 전시했다고 한다. 연회에 초대받지 못하는 대중들이 그날 연회 음식이 무엇인지 알 수 있도록 한 조치였다. 그렇게 대중은 연회 음식의 메뉴를 알게 되고 음식의 이름과 조리법을 배웠던 것이다.

반면 상공업으로 큰 부를 축적한 부르주아 계층은 바로 위 계층인 귀족층과 교류하면서 그들이 즐겨 먹는 음식을 접할 수 있었다. 지배계급과 일반 대중의 음식 문화는 그렇게 계층 간 교류와 만남을 통해 서로 영향을 주고 변화하면서 한 나라의 음식 문화를 다양하고 풍성하게 만들어 왔다. 풍요롭고 화려한 지배층의 식문화가 대중의 음식 문화에 대한 수준을 끌어올렸던 것이다.

이런 모습은 우리나라도 크게 다르지 않았다. 우리에게도 고급스럽고 품격이 있었던 궁중 음식과 '종갓집'으로 대변되며 집집이 전승된 양반가의 고급 음식들이 존재했었다.

특히 사계절이 뚜렷한 기후 조건과 함께 산과 들이 너르게 펼쳐져 있으며 삼면이 바다인 지리적 특성으로 인해 제철 음식과 저장 음식이 고루 발달하고 싱싱한 식자재가 넘쳐났다. 그렇기에 맛과 다양성에서 세계 어느 나라 음식과도 견줄 수 없는 고품격의 음식문화를 꽃피웠다.

그러나 '사농공상(士農工商)'으로 계급을 나눈 유교적 가치관으로 한식의 수직적 교류가 원활치 않았으며 일제강점기와 한국전쟁, 헐벗고 가난했던 시기를 지나며 고급 음식 문화가 대중화될 수 없는 불운을 맞은 것도 사실이었다.

고급 음식문화가 자연스럽게 대중화할 수 있는 통로가 식당이지만, 먹고살기 바빴던 시절 우리 식당은 그저 당장 배고픔을 잊게 해주는 메뉴로 푸짐하게 배를 채우는 곳일 뿐이었다. 이탈리아나 프랑스처럼 시민계급이 성장하면서 호사스러운 궁정 문화 또는 귀족문화가 레스토랑으로 흘러 들어가 고급스럽고 품격 있는 음식 문화로 승화된 것과는 상황이 달랐던 것이다.

그나마 해방 전부터 운영되어 온 명월관이나 태화관 같은 고급 요릿집은, 기생들의 서비스와 술을 파는 곳으로 전락해 식당업 자체가 술장사, 여자 장사와 맞물려 천한 업종으로 인식되었다. 그러니 상류층 양반가로서는 식당업에 뛰어들 수 있는 사업이 못 되었고, 반가의 품격 있는 조리법과 상차림은 대중과의 소통 채널을 잃으며 솟을대문 안으로 숨어들었다.

한식 세계화의 첨병으로

그렇기에 잃어버린 한식의 품격을 시급히 되찾아야 할 의무가 우리에게 있었다. 내가 생각하고 준비해 온 대안이 바로 '가온'이었던 것이다. 나아가 한식 세계화의 이니셔티브로서 '가온'이 큰 역할을 할 것으로 기대가 무척 컸다.

'가온'이 문을 열었던 그즈음 한국 음식 가운데 어느 정도 외국인들에게 알려진 음식이 없지는 않았다. 불고기와 갈비, 김치, 비빔밥 정도였다. 그런데 그 음식들로는 한식 세계화로 말하기는 조금 민망한 것이었다.

세계화된 한식이라면 외국인들이 생각할 때 공통으로 떠올리는 맛과 분위기 혹은 상징적인 이미지가 있어야 했다. 그것은 어쩌면 한식의 정체성이라고 할 수도 있을 것이다.

그러나 한식의 정체성을 만들어 가는 문제는 나와 같은 기업인 한두 사람의 노력으로는 벅차고 가당찮은 일이었다. 적어도 정부 차원에서 정책적으로 뒷받침하는 동시에 전문 연구자들의 오랜 연구가 있어야 했다.

하지만 당시에 정부 차원의 그런 노력은 거의 없었다. 한식 세계화에 대한 의지가 조금이라도 있었는지 의심스러울 정도였다. 아직은 시기상조였는지도 몰랐다. 내가 '가온'을 열어 한식 세계화의 의지를 갖고 부르짖은 지 꽤 시간이 흐른 2008년 이명박 정부가 정부 정책으로 채택하며 본격 이슈화됐기 때문이다.

2005년 문화관광부가 『한식이 세계를 경영한다』를 펴내며 한식 세계화의 갈증을 조금이나마 해소하고자 하는 의지를 보였으나, 정부는 한식 세계화의 진정한 취지와 의미를 이해하지 못하고 있던 것이 현실이었다.

세계 경영이라는 더 높은 차원의 한식 세계화가 아닌, 수출 주도형 산업국가의 이미지에서 한 치도 벗어나지 못한 '한식 수출'이라는 낮은 수준의 인식에 머물러 있었던 것이다. 한식 세계화와 공산품 수출은 근본적으로 다르다는 사실을 전혀 알지 못하는 관료주의적 사고가 문제였다. 단 정부 차원에서 한식 세계화라는 화두를 고민하기 시작했다는 측면에서 그나마 의미가 있었다고 할 수 있다.

『한식이 세계를 경영한다』는 뉴욕과 베이징, 파리, 런던, 도쿄, 홍콩 등 세계의 외식 트렌드를 선도하고 있는 도시에서 한식 창업 정보를 제시하고 있는 가이드북이다.

개업 절차부터 한식 레시피, 마케팅 전략까지 실질적으로 창업할 수 있는 정보를 담아냈으며 글로벌 음식으로 자리한 외국의 전통음식 소개, 현지인의 입맛을 사로잡은 한식 레스토랑 소개 등 다채로운 지면으로 구성되었다. 한식 세계화를 위해 전통과 현대의 적절한 조화를 언급하거나 한식 조리법이 새롭게 재창조되어야 한다는 부분은 이미 내가 강조한 것들이어서 다행스러웠다.

하지만 여러모로 내용이 부실한 것은 어쩔 수 없었다. 특히 한식의 고급화와 재해석에 대한 방향은 없었고 해외 창업에 초점이 맞춰져 있다는 것이 매우 아쉬웠다. 우선 한식의 정체성을 확립하는 것이 필요하고 현지에서의 창업은 그 뒤의 일이기 때문이다.

어쨌든 나는 '가온'을 통해 한식의 정체성을 만들어 나갈, 새로이 개발한 한식들을 선보이며 끊어진 고급 한식의 전통을 이어 보려 애를 썼다. 접하기 어려운 식자재를 발굴하고 그것을 세련되게 차려내는 식당이 많아져야 한다는 내 평소의 생각이 '가온'을 통해 구체화하기 시작한 것이다.

그 가운데 가장 대표적인 메뉴가 홍계탕이었다. '가온'을 오픈하면서 나는 세계인이 찬탄할 수 있는 최고의 탕 요리를 만들기로 마음먹었는데 롤 모델이 된 음식은 바로 중국의 '불도장'이었다. 상어 지느러미 수프의 일종으로 갖은 진귀한 재료를 소흥주에 재워 고아 만든 고급 요리인 불도장은 당시 우리나라에서 귀빈을 접대하는 대표적인 메뉴였다.

한식의 정체성을 만들라

나는 한식에도 불도장 같은 명품 탕 요리가 필요하다고 판단했다. 외국인들에게 인기 있는 삼계탕을 고급화하는 방법을 고심했다. 그래서 삼계탕의 주재료인 인삼 대신 홍삼을 넣어 탕을 끓여 봤다.

'천(天)', '지(地)', '양(樣)' 등 세 단계로 구분되는 홍삼은 인삼의 가치를 극대화한 것으로, 쪄 내고 식혀 말리기를 아홉 차례나 거쳐 만든다. 세 단계 중 가장 높은 가치를 가지는 '천'은 600g에 400만 원을 호가할 정도로 고가이다.

이렇듯 값비싼 홍삼을 72시간 달여 낸 육수를 베이스로 뼛속까지 까만 오골계와 전복 등 고급 식자재를 사용해 끓여 낸 음식이 바로

품격 있는 건강식을 표방했던 가온의 시그니처 메뉴 홍계탕

홍계탕이다. 서민의 음식인 삼계탕을 고급화해 품격 있는 건강 음식의 대표 상품이자 '가온'의 시그니처 메뉴로 창조해 낸 것이다.

홍계탕을 담아내는 식기도 신중하게 선택했다. 광주요에서 특별히 제작한 내열 자기를 쓰되 뚜껑과 밑받침은 청자색을 입혀 품격을 더했다. 오골계의 뼈 등을 버리는 그릇도 용을 음양각을 한 백자문 필통에 뚜껑을 만들어 사용했다.

홍계탕은 인기가 좋은 메뉴였다. 특히 외국인들에게 큰 주목을 받으며 극찬을 끌어냈다. 고급 한식의 정체성을 입고 세계화를 이룰 수 있는 메뉴로서 전혀 손색이 없었다.

홍계탕 외에도 또 다른 아이디어로 만든 바닷가재 떡볶이도 좋은 반응을 얻은 새 한식 요리였다. 세계적 요리인 스파게티를 생각하며 상상해 낸 것으로, 우리나라 길거리 음식인 떡볶이에 바닷가재를 접목해 만든 퓨전 요리이다.

바닷가재뿐만 아니라 오징어, 전복, 문어, 소고기, 오리고기 등 다양한 고급 식자재와 결합할 수 있고 다양한 채소와 버섯 등을 곁들여 낼 수도 있다. 또한 이를 고추장 맛, 간장 맛 등으로 구분해 차별화한다면 하나의 아이템으로 수십 종의 다양한 떡볶이 요리로 만들어 낼 수 있기도 하다. 재료에 따라 가격도 다양하게 책정할 수 있는 장점도 있다.

중요한 것은 기존 요리를 변형시키든, 새로운 요리로 개발하든 고급 식자재로 한식의 정체성을 살리는 요리를 만들어 낸다는 사실이다. 결론적으로 말해서, 나는 한식을 세계 중산층 이상이 즐겨 찾을 수 있는 고급스럽고 품격 있는 수준급 요리로 창조해 내는 것만이 한국문화 전반의 수준을 높이는 길이자 한식의 정체성을 만드는 것이고 나아가 한식을 세계화하는 데 지름길이라는 견해를 갖고 있던 것이다.

'가온'은 그런 생각에 기반을 둔 내 한식 철학을 현실화시켜 줄 수단이자 그리고 한식 세계화의 이니셔티브를 쥔 주역이었다.

명품 전통주의 탄생

『술나라 이야기』, 정헌배, 2011

광주요를 맡은 후 우리 전통문화에 대해 고민하다 결국 도자기만이 전통의 단절이라는 아픔을 겪은 게 아니라는 사실을 깨달았다. 음식과 술도 있었다. 자연스럽게 나의 관심은 자기에서 음식으로, 다시 음식에서 술로 이어졌다. 우리 전통문화 망실(亡失)의 안타까움은 아이러니하게도 내가 꿈을 꿀 기회를 얻게 해 줬다. 어떻게든 단절된 전통을 복원해 이어나가야겠다는 꿈 말이다.

사실 우리 음식에 어울리는 전통 술을 복원해야 한다고 생각하게 된 것은 '성북동 만찬회'를 한창 진행하던 시절이 처음이었다. 한 달에 한두 차례에 걸쳐 오피니언 리더들을 초대해 진행된 만찬회는 내가 개발한 새로운 한식의 가능성을 타진해 보는 실험의 장이었다. 만찬을 진행하면 할수록 뭔가 허전함을 느꼈는데 그것은 바로 우리 음식에 어울리는 마땅한 술이 없다는 사실이었다.

음식과 술은 떼려야 뗄 수 없는 바늘과 실과 같은 관계라고 할 수 있다. 더욱이 우리는 예로부터 음주와 가무를 통해 풍류를 즐겨왔던 민족으로, 우리 조상들은 끼니마다 집에서 빚은 술을 곁들였고 관혼상제의 상차림이나 절기 음식에도 그에 걸맞은 술이 필수적으로 함께 했다.

이런 점은 동서고금을 막론하고 마찬가지였다. 역사상 존재했던 대부분 민족은 그들 고유의 술을 만들어 음식과 함께 즐겼다. 술이 식생활의 필수품이었던 것이다. 프랑스인의 와인과 이탈리아인의 코냑, 러시아의 보드카와 영국의 위스키, 독일의 맥주, 중국의 백주와 일본의 사케가 모두 민족 고유의 술이었다. 그러니까 술을 신의 음료라고 부르는 게 그저 빈말은 아닌 셈이다.

우리 술의 아픈 역사

우리 민족에게도 다양한 전통주가 있었다. 청주와 함께 막걸리로 대변되는 탁주, 증류식 소주 등이 그것이다. 그 가운데 으뜸으로 치던 술이 바로 증류식 소주이다.

우리나라에 소주가 처음 만들어지기 시작한 시기는 고려 말이었다. 몽골로부터 들어온 것으로, 단식 증류 방식으로 제조한 증류식 소주였다. 이 술의 제조법은 조선 조까지 이어지며 청주와 함께 사대부가에서 직접 빚어 음용되던 주요한 주류로 자리 잡았다. 누룩의 재료만 다를 뿐, 만드는 방법에 따라 달라지는 소주의 종류는 다양했으며 미식의 천국인 중국 술의 종류에 절대 뒤떨어지지 않았다.

조선 후기 실학자 서유구가 쓴 『임원십육지(林園十六志)』는 식용·약용 등 각종 작물의 명칭과 재배법을 비롯해 의약과 구황 관계, 향음주례 등 일반 의식 등을 기록했는데 이 책에서는 당시 술의 종류가 170여 개나 된다고 소개하고 있을 정도다.

이렇듯 다양하고 풍미가 깊은 우리 술이 사라지기 시작한 것은 일제강점기부터였다. 일제는 식민정책의 하나로 우리 민족의 정신과 얼을 말살하려 했고, 그중 하나가 바로 증류식 소주의 제조를 금지했던 일이다. 이런 탄압의 결과 우리 전통 소주는 명맥만 남게 되었다.

더욱이 일제가 군수용으로 연속 증류기를 도입, 이를 이용해 개발한 희석식 소주를 국내에 유입시켜 대중화시켰고, 대규모 양조업체를 운영하면서 가내수공업 방식으로 술을 빚던 한국인을 몰락시키기도 했다. 그뿐만 아니라 높은 주세와 밀주 단속 등으로 소주를 비롯한 우리 전통주는 한국 땅에서 거의 자취를 감췄다.

그나마 지하에 숨어들어 힘겹게 이어가던 전통 소주는 1965년 시행된 양곡관리법으로 치명타를 입으며 완전히 사라지게 되었다. 본격적인 경제개발이 시작되기 전인 당시 식량도 부족한 시대에 술을 제조하는 것 자체가 사치라고 생각했던 정부는 양곡관리법을 제정해 쌀 등 곡류로 술을 만드는 것을 금지하고 대신 고구마, 타피오카 등 대체 원료를 발효해 추출한 에탄올, 즉 주정(酒精)에 물을 희석하는 제조방식을 권장했다.

1980년대 들어서면서 사정이 조금 좋아지기는 했다. 1988년 올림픽 개최지로 서울이 결정되고 1986년 아시안게임도 유치하면서 전통주에 대한 정부 정책이 방향을 튼 것이다. 소위 '일도 일민속주(一道 一民俗酒)' 정책으로 한 도에 민속주 하나씩 지정해 생산케 함으로써 전통주를 살려 내겠다는 것이었다.

이후 지역을 기반으로 한 각양각색의 전통주들이 만들어져 시장에 쏟아져 나왔다. 그러나 일본식 희석식 소주가 완전히 장악해 버린 소주 시장은 큰 변화가 없었고 전통 증류식 소주는 아주 오랜 기간 기나긴 어둠의 터널을 지나야만 했다.

한식에 찰떡궁합인 명품 주 '화요' 탄생하다

'가온'을 준비하면서 나는 가온의 메뉴에 맞는 품격 있는, 새로운 술을 개발해야겠다는 생각을 실행에 옮겼다. 당장 술에 대한 지식이 짧았던 나로서는 우리 전통주를 복원하는 데 도움을 줄 전문가를 구해야 했다. 여기저기 수소문하며 술 장인들을 찾아 나섰다.

주위에서는 도자기를 만드는 사람이 음식에 이어 술까지 손을 댄다며 나를 이상한 눈으로 쳐다봤다. 무모한 도전이라며 손가락질했고 심지어 미쳤다는 소리까지 해댔다. 그렇듯 도전이란 근본적으로 아픔과 고통이라는 DNA를 갖는다. 그러나 그런 비아냥은 귀에 들어오지 않았다. 어느 시인의 말처럼 이미 비에 젖은 자는 더는 비를 두려워하지 않는 법이다.

나의 이런 행보는 잊힌 우리 도자기 전통을 되살리기 위해 도공들을 찾아 돌아다니셨던 선친의 모습과 크게 다르지 않았다. 내게는 절박했던 아버지의 심정을 절실하게 깨닫는 계기가 되기도 했다.

그렇게 2~3년 동안 수소문한 결과 진로의 대표이사 출신인 친구 문상목 사장을 통해 당시 진로의 고문이신 김호영 선생과 보배소주의 박찬영 선생과 끈이 닿았다. 참으로 귀하고 고마운 인연이었다. 김호영 선생의 수제자이자 역시 진로맨이었던 현 ㈜화요의 문세희 고문을 만난 것도 그때의 일이었다. 주류업계의 내로라하는 두 분 선생과 문 고문의 도움을 받아 2004년 초 나는 ㈜화요의 전신인 ㈜화륜주가를 설립하고 전통 소주 재현에 나섰다.

우선 우리 전통 소주를 복원하는 데 필요한 기술력과 노하우를 익혀야 했다. 가장 전통적인 방식 그리고 효율적인 제조법을 적용한 최적화한 공장을 세워야 했기 때문이다. 그리하여 국내 주류공장은 물론, 일본의 술 문화에 일가견이 있었던 박찬영 선생의 제안에 따라 일본의 300여 개 주류공장을 차례로 순례했다.

전통 소주를 복원해 낼 공장은 여주에 세웠다. 예로부터 수질이 좋기로 유명하고 쌀농사가 잘 되는 지역이었다. 왕실에 진상하던 질 좋은 여주 쌀과 이천 쌀에 200m 땅속 깊이 흐르는 지하 암반수를 끌어올려 새로운 술을 빚기 시작했다.

고가의 설비를 도입, 감압증류 방식을 통해 알코올의 끓는점을 낮춰 증류식 소주의 단점인 탄내를 제거하고 쌀이 지닌 고유의 풍미를 살렸다. 이를 다시 옹기에 담아 3개월간 숙성시킴으로써 술맛을 더욱 부드럽고 풍성하게 했다.

2004년 9월 30일, 25도와 41도 등 두 종류의 증류식 소주가 '화요'의 이름을 입고 이 세상에 빛을 보게 되었다.

내게는 자식과도 같은 존재였다. '화요(火堯)'는 소주(燒酒)의 '燒'자를 해체해 불을 의미하는 '火'와 존귀하고 높은 대상을 표현할 때 사용하는 '堯'를 나눠 붙인 이름이다. '불로 다스린 존귀한 것'을 의미한다. 증류식 소주의 전통을 잇는 최고의 술로 이만큼 적당한 이름이 또 있을까.

화요는 불로 다스린 존귀한 술이라는 의미이다. 2005년 출시된 화요25와 화요41

취하기 위한 것이 아닌, 흥을 돋울 수 있는 술

'화요'는 술만이 아니라 술을 담는 용기, 즉 술병도 고급스러운 디자인으로 제작했다. 초기 '화요'의 술병은 한자 '火堯'를 타이틀로 평범한 디자인을 시도했으나 좋은 술이라는 이미지로서 조금 난해한 부분이 있었다. 그래서 한자로 쓴 '화요'는 일반인들에게는 어려울 수 있다고 판단, 캘리그래퍼 강병인 선생이 한글로 쓴 '화요' 글자로 바꾸고 술병은 고려 시대인 12세기 무렵 만들어진 국보 제113호 화청자철화 양류문 통형병을 모방해 현대적 감각이 묻어 있도록 곡선을 강조, 손으로 빚은 느낌의 질감을 입혔다. 병 윗부분에는 구름 속을 나는 학의 문양을 넣어 세계를 향해 비상하는 '화요'의 의지를 상징적으로 표현했다.

도수가 높은 41도 '화요'는 국보 92호 물가 풍경 버드나무 무늬 정병을 본뜬 고급스러운 디자인을 입혔다. 직접 내가 디자인한 것이었다. 이처럼 '화요' 술병의 디자인은 으레 전통술 하면 떠올려지는 전형성을 탈피, 소비자들에게 신선한 느낌을 주게 했다. 역시 도전정신이 빛을 발했던 대목이었다.

이렇게 해서 오늘날 '화요'의 모습에 이르게 되었다. 사실 '화요'는 한식 세계화를 염두에 두고 만든 술이다. 세계로 뻗어 나갈 한식에 어울리고 곁들일 수 있는 고급스러운 전통주로서의 정체성을 갖고 있기 때문이다.

나는 젊은 시절부터 전 세계를 돌아다니며 여러 국가와 민족의 전통주들을 마셔왔지만, 내 입맛과 우리 음식에 완벽하게 어울리는 술을 찾지 못했다. 이는 다른 한국 사람도 공감하는 바일 것이다. 우리 전통 한식 요리를 먹으면서 양주나 와인, 사케나 고량주를 마신다는 것처럼 부자연스럽고 자존심 상하는 일이 또 있을까.

더욱이 저가 술인 희석식 소주처럼 취하기 위해 마시는 술이 아닌, 한식을 즐기면서 흥을 돋우기 위해 마시는 음주 문화를 위해서라도 '화요'의 존재 의미는 작지 않다. 저가 술로 인해 주폭이 증가하고 알코올 중독자가 양산되는 현실을 그저 바라만 볼 수 없는 것이다. 술을 끊을 수 없다면 음주 문화를 바꿔야 한다.

『술나라 이야기』를 쓴 정헌배 교수도 이 문제에 깊이 천착했다. 대한민국 술 박사 1호로 알려진 그는 이 책에서 '술맛'을 강조하며 프랑스의 예를 들어 어릴 때부터 술의 맛과 즐기는 방법의 중요성을 설파한다. 더불어 술은 세상에서 가장 가치 있는 음료이며 한 나라와 민족의 문화를 담아내는 용기와 같은 존재라고 역설하고 있다.

이 책에 의하면, 영국 런던 위생 및 열대 의과대학의 조사 결과 알코올 과음으로 한 해 1만 3,000명이 목숨을 잃는 데 반해, 적당량의 알코올 섭취로 오히려 생명을 건진 사람은 한 해 1만 5,000명에 달한다. 취하기 위해 먹지 말고 흥을 돋우기 위해 적당히 마셔야 함을 방증하는 것이라 할 수 있다.

1965년 곡물 파동과 함께 양곡관리법이 시행되면서 전통주가 사라진 자리를 채운 것이 바로 희석식 소주였다. 원료에서부터 제조방식, 맛과 효능 등 어느 하나도 전통주에 따라오지 못할 만큼 저급한 수준의 술이었다. 이 술이 우리 사회의 알코올 중독자 수를 크게 늘려왔고 이로 인한 사회간접비용은 해가 갈수록 증가했다.

이런 현실 속에서 우리 전통주의 명맥을 잇고 품격 있는 우리 문화의 저변을 확대하기 위한 수단으로 그리고 알코올 중독으로 인한 폐해와 사회간접비용의 증가를 줄여 나갈 수 있는 대안으로 '화요'는 퍽 쓸모가 큰 술로 자리하고 있다.

이런 취지에 맞게 광주요그룹은 알코올 중독자 치료를 위해 매년 일정한 금액의 기부 활동을 이어오고 있으며 우리 사회의 소외되고 불우한 이웃을 돕기 위해 '사랑의 열매' 재단에도 기부하고 있다.

나파 밸리, 그 기적의 드라마

『디테일의 힘』, 왕중추, 2005

아련하고 몽롱한 꿈을 꾸는 것만 같았다. 짙은 감색의 커튼이 쳐진 창밖으로 목탄화 같은 노을이 흘렀고, 창을 넘어 불어온 온화하고 상쾌한 10월의 가을바람이 캘리포니아 북부 특유의 이국적 정취를 실어 살갗을 간질였다.

부드럽게 이어지는 구릉과 능선으로 끝없이 펼쳐진 포도밭과 농장이 그 순간 머릿속에서 감광되듯 스쳐 지나갔다. 황홀했다. 포도나무 줄기마다 유리구슬 크기의 포도알들이 푸른 빛을 내뿜으며 영롱하게 빛나고 있었다.

"와우, 원더풀! (Wow, Wonderful!)"

활어처럼 통통 튀는 본토 발음의 목소리에 나는 꿈을 깨듯 곧 현실로 돌아왔다. 서툰 젓가락질로 음식을 집어 들어 입으로 가져간 파란 눈의 외국인 입에서 터져 나온 한마디는, 꿈에 젖은 듯 낮에 본 풍경에 잠시 취해 있던 내 귀를 청량감 있는 음악처럼 감미롭게 스쳤다. 흡사 춤곡풍의 아리아처럼.

연이어 장내에 소리 없이 작은 소란이 물결의 파동처럼 일었다. 입에 담긴 음식을 음미하는 사람들의 각각 다른 질감과 크기의 웃음이 각각의 얼굴마다 스몄고 식기에 부딪히는 젓가락과 포크 소리가 여기저기서 경쾌하게 퍼져 나왔다.

　주빈석의 중간쯤에 앉은, 나이 지긋한 노신사가 도자 식기를 흥미로운 듯 훑어보고는 엷은 미소를 띠며 마늘종과 아스파라거스 위에 올려진 등심을 입으로 가져가는 모습을 나는 놓치지 않았다. 그가 보고 있는 것은, 참숯에 구운 고기를 먹기에 알맞은 온도로 유지해 주는 내열 자기였다. 내 아이디어로 오래 공들여 만들어진 식기였다.

　와이너리 총수들과 미식 분야의 기자들, 음식 칼럼니스트 등 60명의 현지 전문가들이 가득 들어찬 프라이빗 레스토랑 '나파 밸리 리저브스(Napa Valley Reserves)'에서 장장 세 시간 반에 이르는 정찬이 이어지는 내내 장내는 시종일관 탄성과 환호, 기분 좋은 흥분만이 넘실거렸다.

　만찬이 거의 정점에 이를 무렵, 나는 참석자들을 흐뭇한 눈으로 바라보며 건배를 제의했다. 60명의 참석자가 나를 따라 술잔을 치켜드는 모습은 장관이었다. 흥에 겨운 얼굴로 모두가 술을 비운 뒤 머리 위에서 잔을 흔들자, 맑고 청아한 방울 소리가 울려 퍼지며 또 한 곡의 멋진 아리아가 아름답게 연주되었다.

한식, 나파 밸리를 매혹시키다

　때는 2007년 10월 19일, 미국 샌프란시스코 북쪽에 자리 잡은 소도시 나파 밸리. 미국을 대표하는 와이너리이자 미식의 메카로

한식문화의 품격을 드높인 나파 밸리 만찬

세계의 미식을 이끄는 오피니언 리더들이 모여 국제적 수준의 고급 식문화를 나누는 고품격 소비문화의 본고장인 그곳에서 뜻깊은 행사가 개최되었다.

'Korean Cuisine and Culture. 오색, 오미 그리고 한국의 멋. 나파 디너파티'.

타이틀은 비록 이처럼 단순 소박했으나 그저 현지의 미식가들에게 한식을 선보이는 정도의 작은 행사는 절대 아니었다. 이 이벤트에 초대된 60명의 참석자는 그야말로 미국 최고의 와인 메이커들과 와이너리 소유주, 언론계 인사 등 미국 와인 업계와 요식업계를 움직이는 거물들이었다. 이 행사는 '약식동원(藥食同原: 약과 음식은 그 근원이 같다)'의 철학을 이어가는 한국 식문화 기업 광주요가

한식문화의 품격을 드높인 나파 밸리 만찬

나파 밸리 만찬은 한식의 우수성뿐만 아니라 한국문화의 멋과 정수를 보여줬다

나파 밸리 만찬의 대표 메뉴인 랍스터 떡볶이

제안하는 건강식'이라는 주제 아래 한국을 대표하는 광주요의 명품 도자기 식기에, 우리 삶의 철학이 녹아든 다섯 가지 색인 오방색의 음식을 위주로 담아낸 한식 요리를 소개하는 자리였다.

우리 전통을 이을 명품주 '화요'의 출시와 한식당 '가온' 개업 후 나는 한식 세계화의 가능성을 직접 시험해 보고 싶었다. 내가 개발한 새로운 한식의 가능성을 한국의 상류층에 어필하는 동시에 세계의 음식 문화를 선도하는 미식가들에게 인정받고 싶었던 것이다. 무엇보다 세계인들의 입맛을 사로잡을 수 있으려면 국제적인 무대가 필요했다.

그러던 차에 2005년 9월 즈음 좋은 기회가 찾아왔다. 평소 친분이 있었던 동아제분의 이희상 회장의 초청으로 참석하게 된 미국의 한 행사 자리에서 나파 밸리의 유명한 컬트 와인 총수인 빌 할란(Bill Harlan)을 만난 것이다.

그 자리에서 나는 대담하고도 특별한 제안을 그에게 했다. 2년 뒤인 2007년 10월에 나파 밸리 와인에 어울리는 한식을 소개하고 싶다는, 파격적인 제안이었다. 나파 밸리의 유명 와이너리 총수들을 초청해 그들의 와인과 한식을 함께 차려내 동양의 음식과 서양의 술이 어우러지는 멋진 축제를 벌여 보자는 게 골자였다. 물론 의례적이었겠지만 그는 흥미로운 표정으로 흔쾌히 내 제안을 수락했다.

서울로 돌아온 나는 빈틈없는 준비에 들어갔다. 세계 최고의 미각과 세련된 안목을 갖춘 이들에게 한식의 정수를 반드시 성공적으로 보여주겠다는 마음뿐이었다. 물론 세계적인 미식을 경험할 만큼 충분히 해 봤을 와이너리 총수들에게 낯선 한식을 선보인다는 것은 사실 엄청나게 큰 부담이기는 했다. 그들은 상당히 까다로운 미식가들인데다 한식을 전혀 알지 못하는 이들이었기 때문이다. 하지만 반대로 생각하면 한식 세계화를 앞당길 다시 없는 절호의 기회였기도 했다.

나는 행사에 선보일 한식을 오랜 기간에 걸쳐 기획하고 개발했다. 메뉴는 우선 가장 한국적인 음식, 한국을 대표하는 음식으로 정해 변화를 주고 거기에 멋과 풍미를 더 하기로 했다. 미식가들의 미각을 충족시키는 건 물론이고 시각적 아름다움과 후각적 만족감도 이끌어야 했다. 주제에 맞게 '약식동원의 철학', 즉 '음식과 약은 근원이 같다.', '음식이 약이 된다.'라는 사상에 따라 오행에 맞는 색과 맛을 충족하는 재료를 골랐고 메뉴를 구상했다.

그렇게 해서 짜인 메뉴는 전채 요리로 '어회 샐러드와 화이트 와인'을, 본 요리의 첫 번째 코스로 '삼색전과 화이트 와인', 두 번째 코스 '바닷가재 떡볶이', 세 번째 코스 주요리로 '등심구이'와 '홍계탕죽', 후식으로 '밤초와 약차'로 구성이 되었다.

메뉴가 정해지고 난 후에는 음식에 어울리는 식기를 만들고 메뉴와 식기에 맞는 공간 연출, 음악 선정, 상차림을 고민했다. 메뉴에 따라 요리에 어울리는 식기를 디자인하고 도예가와 여러 차례 회의를 거쳐 식기의 크기와 질감, 색을 정하고 제작했다. 공간 연출은 꼭 한국적 분위기만을 고집하지 않았고 자연스럽게 한국의 미가 살짝 배어 나오는 수준에 중점을 뒀다.

음식을 제공하는 방법도 서양에서는 생소한 우리만의 공손하고 깍듯한 예법에 따라 현지 웨이터를 대상으로 철저히 교육해 서비스했다. 서비스 역시 결코 소홀히 할 수 없는 요소로, 은근하고 품격 있는 한국식 예절의 이미지를 심어줄 수 있도록 했던 것이다.

한식, 나아가 한국문화의 인상을 뒤바꾼 '디테일의 힘'

2007년 10월 19일, 2년여의 준비 끝에 나는 한국의 문화 리더 여러 명과 동행해 나파 밸리로 날아갔다. 이날 만찬을 위해 광주요에서 정성 들여 만든 청자 접시를 비롯해 백자 사발, 백자 사각 테이블매트, 불고기용 내열 자기, 4단 찬합, 밥그릇, 국그릇 등 도자 식기 1,000여 점을 한국에서 직접 공수했다.

더불어 홍삼 달인 물 10L, 닭 육수 15L, 생선회에 곁들일 초고추장 3L, 간장 3L, 후식으로 낼 밤초, 대추초에 한국의 산천에서 햇볕과 바람을 쐬고 자란 각종 산야초를 60시간 이상 달여 꿀로 가미한 약차에 이르기까지 엄청난 양의 만찬 재료도 준비했다. 세 명의 '가온' 요리사와 홀 직원 등 일곱 명의 스태프도 함께했다.

엄청난 비용과 정성, 피땀 어린 노력이 투입된 이벤트였다. 나는 이 이벤트를 통해 한식의 미감 나아가 한국문화의 정수를 보여주고 싶었다. 한식의 맛과 멋, 그 안에 면면히 흐르는 한국적 정서의 풍성한 가치를 인정받고 싶기도 했다. 특히 이날 행사를 위해 한국에서 동행한 이들을 깜짝 놀라게 만드는 것이 나의 궁극적 목표였다. 나파 밸리 행사를 통해 한식 세계화에 대한 내 생각과 꿈을 공유하고 싶었던 것이다.

앞에서 언급한 것처럼 행사는 성황리에 끝이 났다. 식사가 끝난 뒤 요리를 담당했던 김병진, 김희진 셰프와 최승우 지배인이 등장하자 참석자들이 모두 일어나 뜨거운 박수갈채를 보냈다.

셰프들이 화답하자 와이너리 총수들을 비롯한 참석자들은 일일이 한 사람씩 셰프들과 악수를 하고 끌어안으며 격려했다. 참석자들은 한국의 음식이 이토록 풍미가 깊고 맛있으며 다양한지 그리고 와인과 이렇게 잘 어울릴지 상상도 못 했다며 입이 마르도록 칭찬했다. 기대한 것보다 훨씬 반응이 뜨거웠다.

이날 행사는 미국 사회에 잔잔한 파문을 뿌렸다. 미국 언론은 물론이고 국내 언론도 한국 음식 문화의 수준을 높인 최고의 이벤트라며 앞다퉈 대서특필했다.

나파 밸리 만찬회는 나를 비롯한 전 스태프의 한식 세계화에 대한 뜨거운 의지와 함께 2년간의 피땀 어린 준비의 과정이 뒤따르지 않았다면 결코 성공하지 못했을 행사였다. 거기에 한식에 대한 세계인의 인식을 바꿀 수 있도록 한 '세심한 배려'라는 디테일이 가미되어 더 빛나는 이벤트가 되었다.

소화가 잘되도록 발효한 양념인 전통 초고추장을 소스로 쓴 점이나 바닷가재 떡볶이를 담아낸 식기의 한 면을 손쉽게 잡을 수 있도록 살짝 구부려 디자인했던 점, 음식을 먹기에 알맞은 온도로 유지하도록 제작한 내열 자기, 대접받는 기분을 느끼게 한 한국식 예법 등은 나파 밸리 만찬회의 성공을 더욱 빛내 준 요소였다. 잘 보이지는 않지만 큰 울림과 감동을 주는 것은 이처럼 작은 것에 깃들어 있는 법이다.

왕중추디테일경영컨설팅 대표이자 '디테일 전도사'로 맹활약하고 있는 홍콩 출신 경영인 왕중추의 『디테일의 힘』은 '개인과 기업의 성패는 무엇으로 결정되는가?'라는 물음의 해답으로 디테일을 꼽는다.

이런 디테일의 힘을 가능케 하는 것은 온 마음과 정성, 마음을 다해서 해내고자 하는 바를 이루려는 의지와 결단력, 염원이 필요하다. 2년 동안 나파 밸리 만찬회를 준비하면서 나와 모든 스태프가 공유했던 바가 곧 그것이었다. 한식 세계화에 대한 뜨거운 의지와 추진력. 세계인들에게 품격 있는 한국문화를 체험케 하고자 하는 뜻과 염원.

이를 위해 준비 과정에서 그리고 행사를 진행하면서 사소한 것이라도 놓치지 않으려 우리는 한시라도 경계를 늦추지 않았다. 너무 예민하고 까다롭다는 말로 인해 섬세해야 하는 부분을 잊게 만드는 것까지 경계했다. 그런 디테일이 결국 전무후무한 감동을 만들어 냈다.

한국을 넘어 세계의 명품으로

『창의성을 지휘하라』, 에드 캣멀 외, 2014

2007년 10월의 나파 밸리 만찬회는 한국 요식업계에 센세이션을 일으키며 큰 화제가 되었다. 그로 인해 '가온'의 매출은 급신장하게 되었고 국내 언론에서도 주목을 받았다.

'가온'에서 제공되는 고급스럽고 품격 있는 한식 메뉴들은 미각과 후각뿐만이 아니라 시각에서도 호평을 끌어냈다. 전통 한식에 현대적 감각과 레시피를 접목한 한식당으로서, 세계 수준급의 파인 다이닝으로서 가능성을 인정받은 것이다.

특히 한국 식문화에, 요식업계에 던진 파문은 놀라운 것이었다. '가온'이 문을 연 후부터 '가온'이 시도한 한식 코스 요리, 창의성을 바탕으로 개발된 요리점을 표방한 음식점이 전국에 속속 생겨났고 많은 이들이 한식의 진화에 관심을 쏟고 있다. 나아가 '가온'처럼 상류층을 타깃으로 한 품격 있는 한식당에 투자하려는 이들도 많이 늘어났다.

'가온'은 식문화가 단순히 음식만이 아닌 식당의 외관, 식기, 실내장식, 소품, 위생 등 총체적인 조화로 이뤄진다는 사실을 보여줬고 그럼으로써 한국 식문화 발전에 적지 않은 이바지를 했다고 생각한다.

'가온'은 내가 애초 '미쉐린가이드'의 등급 획득을 목표로 시작한

식당으로 '한식의 슈퍼스타'로서 전혀 손색이 없었다. 미쉐린가이드는 프랑스의 타이어 제조회사인 미쉐린이 1900년부터 자동차 여행자들을 위해 발간해 오고 있는 세계 최고 권위의 레스토랑 평가서이다.

여러 가지 이유로 세계화가 불가능하다는 인식이 팽배했던 한식을, 새로운 메뉴를 통해 선보이며 세계인들의 입맛을 끌어당기는, 혁신적이고 미래 지향적인 일을 '가온'이 성취했다고 나는 확신했다.

실패는 성공이 빚어지는 용광로이다

'가온'은 국내 한식 시장의 파이를 분점하는 '제로섬 게임'의 틈입자가 아니라 창의적이고 새로운 한식의 가치를 창출하며 국내 시장의 파이를 더블, 트리플 사이즈로 키워낼 수 있는 존재로 자리매김할 수 있으리라 자신했다. '가온'이 기존의 한식 시장을 잠식하지도 않을 뿐더러 잠식을 목표로 세워진 것도 아니었다.

저렴하고 푸짐하다는 인식 아래 하향평준화되어 있는 한식 시장의 수직 다양성을 위해 상류층의 지갑을 열어 내수 경제를 활성화하고 다양한 선택지를 만들려는 목적에 따라 만들어진 것이기도 했다. 나아가 '가온'의 메뉴들, 즉 창의적으로 새롭게 만들어진 한식이 세계 중산층 이상의 계층이 즐겨 찾도록 해 한국문화 전반의 수준을 높이는 동시에 우리나라 국격을 끌어올리려는 뜻도 있었다.

품격 있는 고급 한식당으로 상류층의 소비를 유도하면, 자연스럽게 한식의 스펙트럼이 넓어지면서 중산층과 서민층의 소비까지 촉진할 수 있다. 이는 곧 식자재를 생산하는 농어촌 경제에 활력을 불어넣고, 나아가 내수 경제의 기반을 더욱 튼튼하게 만들게 될 것이다.

'가온'이 청담동에서 오픈했을 때 내 나이는 50대 후반으로 접어들었다. 비록 마음은 펄펄 피 끓는 청춘과도 같았지만, 내 평생의 꿈이 되어 버린 한식 세계화를 이루는 데 남은 시간이 많지 않다는 생각이 들자 마음이 조급해졌다. 하루빨리 세계 시장에 진출해 우리가 창조한 품격 있는 한식 메뉴를 선보이고 싶었다.

베이징 올림픽을 겨냥해 2005년 개점한 장자강 가온의 외관

베이징 올림픽을 겨냥해 2005년 개점한 '장자강 가온'의 실내 모습 ▲ ▼

그리하여 '가온'이 문을 연 지 2~3년 만에 나는 2호점과 3호점을 중국의 장자강과 베이징에 열었다. 2008년 개최될 베이징 올림픽을 염두에 둔 것이었다. 2005년 7월 세워진 2호점 '가온'이 있는 장자강(張家港)은 포항제철 공장이 있는 곳으로, 한국인들이 많이 있는 지역이었고 '베이징 가온'의 사전 준비를 위한 교두보였다. 3호점 '베이징 가온'은 쇼핑 명소인 베이징 쌍둥이 LG 빌딩 내에 2006년 3월 오픈했다.

세계 시장에 내딛는 첫걸음이었기에 두 '가온'점은 우리 전통문화의 아름다움을 한껏 살린 공간 연출을 시도했다. 중국인들도 편하게 식사할 수 있도록 홀에는 원탁 테이블을 마련하고 서울의 '가온'처럼 식기도 광주요의 최고급 제품을 사용하기도 했다.

특히 '베이징 가온'은 외관과 실내 인테리어에 각별한 신경을 썼다. 도자기 조각을 모자이크처럼 늘어놓은 흑백 장식으로 고풍스러운 멋을 느끼게 한 입구부터 거문고 줄과 기러기발에서 영감을 얻어 장식한 벽과 불로초가 그려진 벽지, 조선 시대 초충도(草蟲圖) 일부를 확대해 연출한 공간 등은 격조 있는 한국문화를 총체적으로 맛볼 수 있는 결집체였다. 그뿐만이 아니었다. 유리 벽으로 만든 장식장 안에 진열한 광주요 도자기의 신비로운 자태와 완벽한 종업원들의 서비스, 그들의 유니폼 디자인과 질감까지 우리 정신과 문화를 드러내기 위해 최선을 다했다.

그런 노력의 결과 '베이징 가온'은 2008년 베이징의 2만여 개 식당에 대한 평가에서 상위 10위에 드는 기염을 토했다. 2009년에도 '리더스 초이스 어워즈(Readers Choice Awards)'와 〈Food &

베이징 쇼핑 명소인 쌍둥이 LG 빌딩에 2006년 가온 3호로 문을 연 베이징 가온

현대적 감각과 고풍스러운 멋을 동시에 느끼게 장식한 베이징 가온

Wine〉, 중국 최고 주간지 〈주말화보(周末畫報)〉에서 최우수 레스토랑으로 선정되었다. '가온'의 가치를 인정받은 것이다.

그러나 시기상조였을까. 세계 시장을 염두에 두고 진출했던 중국의 두 '가온' 모두 뼈아픈 실패를 맛봐야 했다. 중국 현지에 거주하는 한국인 고객은 '가온'의 음식에 대해 한식이 아니라면서 받아주지 않았다. 높은 가격과 낯선 메뉴에 대한 저항이 거셌던 것이다. 한국인에게조차 인정받지 못한 한식이 어찌 중국인에게 어필할 수 있으랴. 그래도 베이징은 시골인 장자강과는 다를 것이라 예상했지만 결과는 똑같았다. 결국 2010년 초 5년여 만에 중국에 세운 '가온'의 두 지점은 문을 닫아야 했다.

창의성으로 승부하라

'가온' 외에도 나는 2006년부터 캐주얼 식당인 '낙낙' 1·2호점과 프랜차이즈 형 식당 '녹녹' 1·2호점을 잇달아 개점하면서 한식의 수직 다양성을 실현하기 위한 노력을 계속 이어갔다.

당시 나는 2030년이 되면 식품산업은 자그마치 우리나라 돈으로 1만 조 원 규모로 확대되고 전 세계 중산층 추산 인구는 20억 명에 이를 것으로 판단했다. 그 가운데 절반인 10억 명이 한 달에 한 끼만 한식을 먹는다면 1년 120억 명의 한식이 소비될 수 있다고 전망했다. 한 끼 평균 식사비용을 20달러 수준으로 낮게 잡아도 시장 규모는 2,400억 달러가 된다. 그렇듯 한식 세계화를 단순히

'밥장사' 정도의 개념으로 볼 수만은 없다는 것이 내 생각이었다.

'가온'을 오픈하고 세계 시장 진출을 목표로 중국에 두 개의 지점을 낸 것, 그리고 '가온'보다 아래 등급의 한식당인 '낙낙'과 '녹녹'을 함께 열 수 있었던 것도 세계 시장에서 충분히 승산이 있다는 자신감과 확신 때문이었다.

그 자신감의 이면에는 앞에서 강조했듯 내가 개발한 새로운 한식의 창의성에 있었다. 그렇다고 창의성이 일순간 획득되는 것이 아니었다. 설익고 어설픈 생각과 실험을 통해 끊임없는 도전과 수많은 시행착오가 오랫동안 축적되어 만들어지는 것이다. 식자재의 고유한 특성, 상류층과 중산층 이하 대중들의 기호와 식습관, 기존 한식 메뉴들을 어떻게 변화시켜야 할지 분석하고 응용하며 재창조하는 과정을 통해 새로운 명품 한식 요리를 창의적으로 창작하는 데 방점을 둬야 했다.

그러나 이런 생각은 나만의 생각이었고 현실은 전혀 앞서간 내 생각을 따라오지 못했다. 어쩌면 인류 역사상 시대를 앞서간 모든 선각자가 똑같이 거쳐 나가야 할 시련일는지도 몰랐다.

청담동 '가온'은 2007년 어쩔 수 없는 이유로, 중국의 두 지점은 식당업의 문외한이었던 내가 너무도 쉽게 생각했던 탓에 문을 닫았지만, 결국 애초 '가온'을 통해 이룩하려 했던 '명품 한식'을 향한 가치는 틀리지 않았다. 그 가치는 2012년 '비채나'의 오픈과 2014년 '가온'의 재개점으로 다시 현실의 옷을 입게 되었다.

'가온'의 문을 닫고 잠시 낙심에 빠졌을 때 나는 '첫술에 배부르랴'라는 속담을 위로와 안도감으로 삼으며 재도약을 모색했다. 그때 내 마음은, 『창의성을 지휘하라』를 공동 집필한 저널리스트로 에이미 월러스와 픽사 애니메이션 스튜디오 설립자 에드 캣멀의 다음과 같은 문장과 일맥상통했다고 할 수 있다.

"……독창적인 작품은 처음부터 완벽한 형태로 세상에 나오지 않는다. 독창적인 작품은 형편없는 시제품 단계를 거쳐 완성돼 나간다. 나는 작품의 초안을 '못난이 아기(Ugly Baby)'라 부른다. 시제품은 갓 태어난 아기처럼 완제품의 미숙한 축소판으로, 어색하고, 형태가 불분명하고, 취약하고, 불완전하다. 이를 작품으로 완성하려면 시간과 인내심이 필요하다. 다시 말해 빨리 수익을 올려 조직을 먹여살려야 한다는 압박을 제작 기간 내내 견뎌내야 한다.……"

그래서 나는 2000년대 말 '가온'의 실패를, 실패가 아닌 절반의 성공으로 생각했다. 한국 식문화에 유례가 없는 큰 파문을 던졌고 의미 있는 발자취를 남겼기 때문이다. 그리고 그 정신과 행보는 2014년 재개점 후 2년 만에 미쉐린가이드 3스타를 받으며 또 다른 성취로 이어졌고 한식 세계화의 중책을 맡아 지금도 계속 이어지고 있다.

2017년 가온은 국내 최초로 미쉐린가이드 3스타를 획득하는 쾌거를 이뤘다

3부

내 인생에

후퇴란 없다

5장

성취

주세법 개정을 위한 혼신의 노력

『국부책』, 자이위중, 2010

세계와 경쟁할 문화상품으로 당당히 자리매김하고 있는 명품 증류주 화요

한식 세계화의 조력자이자 우리 사회에 새로운 음주 문화를 창출하기 위해 만든 '화요'는 아직 대중적으로 널리 알려진 술은 아니다.

연간 4조 원에 달하는 희석식 소주의 매머드급 매출과 비교하면 '화요' 같은 증류식 소주 매출은 극히 미미한 수준에 불과하다. 2022년을 기점으로 국내 증류주 시장이 가파른 성장을 보여주고 있기는 하지만 아직 국내 소주 시장에서 증류주의 점유율은 불과 3%에 그치고 있는 것이 현실이다.

그릇과 음식, 술은 '문화'라는 큰 틀에서 긴밀하게 이어지며 서로의 존재 증명이 된다고 보면, 값싸고 저급한 희석식 소주는 우리 문화의 질적 수준을 끌어내리는 천덕꾸러기라는 느낌을 지울 수 없다.

사실 심하게 말하자면, 희석식 소주란 한국전쟁으로 폐허가 되어 최빈국으로 전락했던 시절 쌀과 같은 식량을 아끼기 위해 탄생했던 과거의 유물과 다름없다. 한식과 우리 식문화가 그저 희석식 소주의 안주 수준으로 굳어지는 느낌도 없지 않은 현실이 그저 안타깝기만 하다.

저가 소주를 마시면서 무슨 좋은 음식이 필요하며, 무슨 멋진 인테리어가 소용이 있을까. 희석식 소주에 이미 입맛이 길들여진 이들에게 과연 '화요' 같은 술이 추구하는 가치를 온전히 이해시킬 수 있을까.

세계와 경쟁할 문화상품을 위한 주세법 개정의 필요성

'화요'는 문화사업을 이끌어 온 내가 그동안 지켜온 한국 전통 식문화의 가능성에 대한 소신과 철학을 확장하기 위해 탄생시킨 술이다. 처음 '화요'를 세상에 선보였을 당시는 증류식 소주의 가치에 대한 인식이 옅었던 때였다. 그렇기에 당장 수익을 낼 수 있을 만한 토양이 되어 있지 못했다.

그러나 애초 내가 '화요'를 만든 목적은 따로 있었기 때문에, 그런 환경은 큰 문제가 되지 않았다. '화요'를 통해 세계와 경쟁함으로써 새로운 문화를 만들고자 했던 것이다. 하지만 현실이 그렇더라도 잘못된 세제는 당연히 고쳐야 했다. 나는 '화요'를 출시한 즈음부터 15년이 넘도록 주세법 개정을 위해 무진 애를 썼다.

1965년 '양곡관리법'과 이후 '주세법' 개정으로 채택된 종가세는, 지난 반세기 동안 희석식 소주가 소주 시장을 잠식하는 기현상의 주범이었다. 값싼 수입 원부자재를 활용해 저렴한 소주로 소비자들의 입맛을 길들였고 종가세를 통해 증류식 소주에 과도한 세금을 부담케 함으로써 독과점을 유지했던 것이다.

반면 전통 증류식 소주는 가격 경쟁력에서 뒤처지며 빈사 상태에 빠질 수밖에 없었다. 술 자체를 개발하는 과정도 힘들고 큰 비용이 들어가지만, 주류를 담는 용기와 상표 디자인, 포장 등에 드는 비용에도 세금이 붙는다. 글로벌 시장에서 경쟁력 있는 고급술을 만들어 냈어도 이 술의 진정한 가치를 더하기 위해 용기나 디자인에 투자하게 되면 현행 세제하에서는 그만큼 세금이 천정부지로 상승하게 되어 있는 구조이다.

기존의 종가세 하에서 소비자의 선택은 당연히 값싼 희석식 소주일 수밖에 없었다. 희석식 소주보다 원료와 생산 단가가 훨씬 높은

'화요' 같은 증류식 소주는 시장에서 발붙일 수가 없는 환경이었다. 높은 제조 비용에 비례해 세금을 매기니 당연히 소주 시장에서 경쟁이 되지 않았다.

그러나 글로벌 시장에서 인정을 받을 수 있는 술은 싸구려 희석식 소주가 아니다. 세계와 경쟁할 수 있는 술, 그에 걸맞은 가치를 지녀야 했다. 나는 '화요'만이 세계에서 통할 수 있는 문화상품으로서 자격을 갖춘 제품이라고 확신했다. 세계와 경쟁할 수 있는 퀄리티, 세계를 놀라게 할 수 있는 품질만이 우리 문화를 알리고 우리 문화로 성공하는 길이자 국격을 드높이는 유일한 방법이라 여겼기 때문이다.

애초 '화요'는 상류층을 타깃으로 한 고급술이라는 콘셉트로 출발했다. 그러나 문화상품이란 상류층의 유흥이나 호사만을 위한 목적만 가진 것은 아니다. 세계적 경쟁력을 갖춘 문화상품의 생산과 소비는 결국 모든 구성원에게 혜택이 돌아가게 되어 있다. 문화란 위로부터 시작되어 아래로 퍼져 나가는 것이기 때문이다.

그렇기에 예로부터 왕실이나 사회 지배층을 중심으로 고급문화를 생산하고 확산시킴으로써 국부를 키우고 그 문화를 전파할 수 있었던 것이다. 고급스럽고 강한 문화는 무역에서 우위로 나타나고 그것이 곧 국력으로 이어졌다.

중국의 사상가이자 학자인 자이위중은 중국 고전 경제사상의 핵심 경전인 『관자』를 풀이한 『국부책(國富策)』에서 2,500년 전 중국 제나라의 재상이었던 관중(管仲)의 논리를 소개하고 있다.

그는 '최고급 음식을 먹고 최고급 음악을 듣게 해야 한다. 부자들이 사치스럽게 소비하도록 해야 한다. …(중략)… 더불어 가난한 사람들에게는 일자리를 만들어줘야 한다. 이렇게 하면 백성들이 안정된 생활을 누리면서 즐겁게 일할 수 있다. …(중략)… 무덤을 크게 만들면 가난한 사람들에게 일자리를 만들어 줄 수 있다. 묘지를 호화스럽게 장식하면 조각가들과 화가들에게 일자리를 만들어 줄 수 있다. …(중략)… 호사스러운 소비를 하지 않으면 농업 생산의 발전 토대도 사라지고 만다. 조정에서는 신분 여하를 막론하고 호사스럽게 소비해야 한다.'라고 주장했다.

관중은 놀라운 통찰로 상류층의 고급문화, 곧 사치에 대해 언급하면서 국익을 위해 지배계층이 누리는 고급문화와 사치의 필요성을 역설했던 것이다.

소주 시장을 살리는 길? 글로벌 경쟁력을 갖춰야 한다

국내 시장에만 안주해 온 희석식 소주 업체들이 주세 개편을 원치 않는 이유는 딱 하나이다. 종량세로 전환되면 국내 시장의 판도가 가격 경쟁력이 생기는 증류식 소주로 바뀔 것을 우려하는 것이다. 소주 시장의 독점이라는 기득권을 놓지 않겠다는 이기심의 발로이다.

시대에 역행하는 조세 체계로 소주의 품질 저하가 구조적으로 고착화한 우리와는 달리 일찍이 종량제를 받아들인 일본은 위스키와 사케 산업이 크게 부흥해 막대한 국익을 창출하고 있다. 그들은 글로벌 시장에서의 경쟁력 확보를 목표로 세제 개편을 이뤘고 꾸준한 투자와 지원을 병행함으로써 성과를 거뒀다.

지금의 조세 체계 아래서 '화요'와 같은 고급술을 만든다는 것이 얼마나 어렵고 고통스러운 일인지 나는 온몸으로 뼈저리게 체험했다. 고급술을 개발하는 과정에 드는 비용은 물론 경쟁력 있는 고급술을 만들어도 이 술의 가치를 표현하기 위해 용기와 각종 디자인 등에 세금을 매긴다면 누가 높은 가치를 지닌 명품 술을 만들려고 나서겠는가. 그저 외국에서 들여오는 값싼 원자재로 저급한 술을 만들어 팔면 더 이익일 텐데 말이다.

하지만 우리의 술이 세계 주류 시장에서 경쟁력을 가지려면 다양한 술이 생산되어야 하고 이를 위해서는 반드시 종량세가 도입되어야 한다. 나는 2013년부터 수년 동안 종량세로의 전환을 촉구하며 여러 정부 기관에 40여 차례의 민원을 냈다. 보통 한두 차례 민원이 들어가면 정부 기관은 "검토해 보겠다."라는 의례적인 답변을 준다. 대다수 민원인도 기관을 믿고 기다리거나 금방 잊는 게 대부분이다.

그러나 나는 집요하게 물고 늘어졌다. 기관의 회신을 받으면 구체적으로 어떻게 검토하겠다는 것인지, 세법 개정안을 제시하겠다는 건지 꼼꼼히 따져 물었다. 종가세를 유지할 수밖에 없다는 식의 회신을 주는 담당 공무원에게는 종량세의 필요성을 사례를 들어 장문의 민원으로 응수했다.

희석식 소주를 만들어 팔아온 업계 기득권 카르텔의 로비와 이에 오랫동안 익숙해진 관료주의의 장벽으로 인해 아직 종량세 개편은 이뤄지지 않고 있으나 철통같이 느껴졌던 벽은 조금씩 균열을 보이고 있다.

정부 기관에 진정서만 내고 가만히 기다리지는 않았다. 엄청난 시간과 자금을 투자해 소주의 고급화를 위해 비지땀을 쏟았다. 문화라는 것은 결국 국민의 수준이 얼마나 향상되느냐에 따라 변화하는 것으로, 우리 삶의 척도이기도 했다.

전국의 군부대를 돌며 '화요'를 알리기 위해 발로 뛰었고, 변화에 능동적인 젊은 층을 대상으로 클럽 파티를 후원하는 등 문화마케팅도 시도했다. 이를 통해 수입 위스키를 소비하는 계층에서도 '화요'에 점차 눈길을 돌리는 이들이 늘어났다.

발매 후 10년간 이런 노력과 함께 우리 문화의 향상에 힘입어 2015년 '화요'는 흑자로 돌아설 수 있었다. 이제는 세제의 변화 없이도 국내 시장에서 자립하고 있으며 글로벌 시장에서도 당당히 우리 문화를 알리는 고급 주류로 자리매김하고 있다.

아직도 '소주는 서민적이어야 한다'라는 왜곡된 인식에서 비롯된 고정관념과 종가세라는 낡은 제도 속에서도 내가 큰 비용을 투자했던 이유는 자명하다. 당장은 손해 본다고 해도 언젠가는 우리 술이 젊은 층을 중심으로 국내 시장의 판도를 바꾸고 나아가 세계 주류 시장을 선도하는 날이 반드시 올 것이라는 소박한 희망 때문이었다.

물론 당장 술도 중요하지만, 단지 술 때문만은 아니다. 여러 차례 강조했지만, '화요'는 한식 세계화를 위해 만든 술이다. 우리 증류주가 세계 주류 시장에서 성공을 거두면 자연스럽게 우리 한식 세계화도 앞당겨질 것이다. 그러기 위해서는 하루라도 빨리 현재의 종가세를 종량세로 전환해야 한다.

미쉐린가이드 9년 연속 선정, 꿈을 이루다

『마음을 얻어야 세상을 얻는다』, 허태학, 2011

운명이란 참으로 뜻하지 않은 알 수 없는 방식으로 인간에게 다가온다. 인간을 포함한 우주 만물을 지배하는 불가피한 운명의 힘은 거의 불가항력적이어서 더 파괴적이고 고통스럽다.

한식 세계화의 특명을 이루기 위해 2003년 문을 연 '가온'의 운명도 전혀 예측할 수 없는 방향으로 나아갔다. 2007년 나파 밸리에서의 만찬이 성황리에 이뤄지면서 언론의 주목을 받았고 이는 곧 가온의 매출 급상승으로 이어졌다. 가온의 성장세로 미뤄 볼 때 조금만 더 있으면 큰 성공을 이루고 동시에 한식 세계화도 앞당길 수 있는 전초기지로서 큰 역할을 했을 것이다.

그런데 그해 12월 어느 날 어처구니없는 일이 발생했다. 가온이 들어선 땅이 부동산 문제에 휘말리면서 어쩔 수 없이 문을 닫아야 했다. 이 무슨 운명의 장난이란 말인가.

설상가상으로 중국에 진출했던 베이징 가온도 2010년 초 폐점되는 운명을 맞았다. 베이징 가온은 베이징 내 2만여 개 식당에 대한 평가에서 상위 10위 안에 들었으며 중국 최고 주간지인 〈주말화보(周末畫報)〉가 뽑은 최우수 레스토랑으로 선정될 정도로 인정을 받았다.

이처럼 미각과 후각은 물론 시각까지 고객들을 사로잡은 가온의 식탁이 분명 성공을 거둔 것이 틀림없는 사실이었다. 이런 상황을 고려한다면 어처구니없는 이유로 문을 닫을 수밖에 없었던 가온의 운명처럼 처절한 것은 어디에도 없을 것이다.

고객의 마음을 얻어라

가온의 문을 닫고 난 뒤 나는 한동안 망망대해에 표류하는 조각배에 타고 있는 것 같은 막막함을 느껴야 했다. 그러나 한식 세계화의 소임을 생각하자 더는 정신을 놓고 있을 수만은 없었다. 무엇이 문제였는지, 어떻게 다시 딛고 일어나야 하는지 반성하고 모색해야 했다.

문제는 내게 있었다. 소비자로서 우리 국민의 낮은 수준과 의식을 간과했다. 내가 설정하고 실행한 방향은 절대 틀리지는 않았던 것만은 변할 수 없는 사실이었으나 아직 우리 국민 수준은 내가 생각한 방향에 이르지 못했던 것이다.

그와 더불어 요식업에 문외한이었던 내가 너무 쉽게 생각했던 면도 없지 않았다. 작은 규모의 식당으로 시작해 점차 규모를 키워야 했는데 처음부터 욕심을 냈던 것이다. 또한 선례가 없는 사업들을 한꺼번에 시도했던 내 고집에도 문제가 있었다.

그런데도 가온이 문을 닫고 난 후 많은 이들이 "외국인을 접대할 공간으로 가온이 최고였다.", "훌륭한 한식당이었다.", "가온의 존재로 한국인이라는 사실이 뿌듯했다."라며 아쉬움을 드러낸 고객들이 너무 많았다.

나는 우선 초심으로 돌아가 처음부터 다시 시작하기로 했다. 가온의 문을 열기 전 한식의 가능성을 실험하기 위해 시도했던 '성북동 만찬회'를 2010년 5월부터 다시 열었다. '화요 만찬'이라는 새로운 이름으로 말이다.

한 달에 한두 차례 제철 재료로 새롭게 개발한 한식을 선보였다. 이제는 고객의 눈높이에서 그들이 즐길 수 있는 요리로 접근했다. 화요 만찬에서 선보인 음식들은 모두 광주요 홈페이지와 신문 등 언론매체를 통해 조리법을 공개하기도 했다. 그렇게 고객들과 쌍방향으로 소통하며 그들의 마음을 얻기 위한 눈물겨운 노력을 이어 갔다.

기업인의 영원한 멘토인 경영학자 피터 드러커는 기업의 존재 목적은 고객을 창출하는 것이며 혁신의 중심에 늘 고객이 있어야 한다고 강조한 바 있다. 고객의 중요성을 역설한 경영서 『마음을 얻어야 세상을 얻는다』에도 어떻게 고객의 마음을 얻을 수 있는지 잘 소개하고 있다.

이 책에 따르면, 사람의 마음을 움직이기 위해서는 주먹구구식 관계를 맺어서는 안 된다. 필요한 순간에만 친근하게 구는 태도로는 평생 관계를 유지할 수 없듯, 기업이 발전하려면 시간이 걸리더라도 마음을 얻기 위한 노력을 다하고 눈속임 없이 우직하게 걸어가야만 한다.

삼성맨으로 42년을 근무한 저자 허태학 사장의 경영철학이라고 할 수 있는 '선면각곡간색(扇面角曲間色)'도 내게 색다른 깨달음을 줬다. 사물의 선과 면, 각도와 곡선, 간격과 색깔을 의미하는 저

신조어는 사물과 상황, 사건을 한 면이 아닌 다방면의 입체적 시각으로 통찰하는 통합적 시선을 가져야 함을 알게 해 준 것이다.

그렇게 낮은 자세로 고객의 마음을 얻기 위해 의지를 불태우며 나는 몇 년간 암중모색의 시간을 가졌다. 그리고 2014년, 드디어 두 번째 가온이 신사동에서 다시 새로운 발을 내디뎠다.

그사이 광주요그룹의 또 다른 한식당 '비채나'가 2012년 한남동에서 문을 열었다. '비움, 채움 그리고 나눔'의 의미를 지닌 비채나는 가온과 함께 한식 세계화의 대업을 이어 갈 쌍두마차였다.

미쉐린가이드 선정, 외롭고 험난한 도전 끝의 성취

애초 나는 가온이 미쉐린가이드에 선정되는 것을 목표로 삼고 문을 열었다. 한식 세계화가 현실화하려면 먼저 우리 국민이 한식을 인정해야 한다. 세계적 미식의 대명사로 잘 알려진 미쉐린가이드에 선정되면 자연스럽게 한식의 가치가 공인된 것으로 받아들여지는 것이기에 가온의 미쉐린가이드 선정은 반드시 거쳐야 할 단계였다.

새로이 출발한 가온과 비채나라는 배를 이끄는 조타수의 역할은 김병진 총괄 셰프가 맡았다. 한식 세계화를 위해 처음 가온을 열었을 때부터 함께 해 온 그는 한국에서 명성이 높은 레스토랑이나 식당의 셰프들처럼 해외에서 요리를 배우거나 경력을 쌓은 셰프는 아니었다. 20여 년 동안 한국 내에서 양식과 중식을 연구한 셰프였다.

새로운 개념의 한식문화를 만들었던 가온은 고객의 마음을 얻겠다는 의지와 열정이 더해져 우리 요식업계에 놀라운 파문을 일으켰다. 특히 가온은 단순히 창조적 한식 메뉴만이 아닌 건물과 실내 장식, 식기, 청결과 위생, 서비스 등 새로운 차원의 총체적인 모델을 제시하며 한국 식문화의 자존심을 세웠다.

가온의 새로운 메뉴는 한식의 기본에 충실하면서도 현대적인 감각이 더해진 한식을 표방했다. 전통 한식이 갖는 맛과 향, 품격을 살리면서도 플레이팅과 조리법의 혁신이 도드라졌다는 평가를 받았다. 단순히 미각을 깨우는 요리를 넘어 문화적 체험을 제공하는 매개체가 된 것이다.

더불어 한국의 절기와 풍습을 반영해 계절마다 변화하는 메뉴는 한국문화의 깊이를 미각으로 느낄 수 있게 했으며 진정한 한식의 진화를 이끈 주인공으로서 한식 파인 다이닝의 새로운 기준을 제시했다는 호평을 이끌었다.

현재 ㈜화요를 이끄는 조희경 대표의 작품인 비채나 역시 신선한 제철 재료로 만든 제대로 된 한식의 정수를 맛볼 수 있는 한식 레스토랑으로서 한식의 레퍼런스를 넓혀 가는 중요한 과업의 일익을 담당하는 한 축이 되었다. '계절의 맛, 자연의 맛'을 표방하며 재료에 대한 가공을 최소화해 재료 본래의 맛과 물성을 살리는 조리법으로 한식의 또 다른 매력을 창조해 낸 것이다.

이런 눈물겨운 노력의 결과 가온은 미쉐린가이드 2017년 서울판에서 최고 등급인 '3스타'를 받았다. 비채나 역시 '1스타'를 받으며 한식의 가능성을 입증했다. 드디어 글로벌 시장에서 당당히 경쟁할 수 있는 한식 나아가 세계가 인정한 한식이 탄생한 순간이었다.

미쉐린가이드는 세계 27개국에서 매년 발간됐으며 2017년 서울판은 스물여덟 번째 국가로 우리나라의 서울이 처음 소개된 것이었는데 여기서 가온과 비채나가 큰일을 해낸 것이다.

타이어 제조기업인 미쉐린이 1900년부터 자동차 여행자들을 위해 발간해 오고 있는 세계 최고 권위의 레스토랑 평가서인 미쉐린가이드는, 선정된 식당에 대해 별 1개부터 3개까지 등급을 나눠 소개해 오고 있다.

최고 등급인 '3 스타'는 요리를 맛보기 위해 여행을 떠날 만큼 훌륭한 요리를 선보이는 식당, '2스타'는 멀리서도 찾아갈 만한 식당, '1스타'는 요리가 훌륭한 식당을 의미한다. 전 세계 식당 가운데 미쉐린가이드가 '3스타'를 매긴 곳은 지금까지 130여 곳에 지나지 않는다. 그만큼 가온이 세계적인 미식 가이드로부터 최고의 식당으로 인정받은 것이다.

가온과 비채나의 미쉐린가이드 스타 획득은 한식이 세계 명품 다이닝 시장에서 공식적으로 인정받은 것으로 내가 그토록 꿈꾸고 열망했던 한식 세계화가 현실화한 것을 의미했다. 더 놀라운 것은 가온과 비채나 모두 최초 2017년에 각각 '3스타', '1스타'에 오른 이후 2023년까지 7년 연속으로 선정됐다는 점이다.

아직 전 세계가 인정하는 최고 식당으로서 완결된 결정판은 아니지만, 가온과 비채나는 한식 세계화라는 험산준령(險山峻嶺)의 7부 능선쯤 오를 수 있게 한 주인공이라는 생각은 변함이 없다.

글로벌 시장으로 보폭을 넓히다

『기업 브랜드의 전략적 경영』, 메리 조 해치 외, 2010

한식 세계화는 문화보국의 핵심

대한민국 현대사를 압축적으로 표현하는 가장 인상 깊은 문구가 있다면 아마도 '한강의 기적'이라는 문구를 꼽을 수 있다. 단시간 내에 이룬 경제적 성장 혹은 물질적 근대화를 상징하는 말이기 때문이다.

짧은 시간 내에 경제적 성장을 이룸으로써 세계 10대 경제 대국으로서의 면모를 이뤘으나 우리나라는 아직 정신적인 측면, 문화적 차원에서 세계 최고 수준의 국가라고 할 수는 없는 상황이라고 본다. 최근 K-팝을 비롯한 K-콘텐츠의 놀라운 활약으로 한국 대중문화는 물론 전통문화에 관한 관심과 주목도가 전 세계적으로 높아지고 있으나 아직 부족한 것은 틀림없는 사실이다.

우리 민족의 문화와 정체성을 담은 한식의 세계화가 여기에 가세하게 되면 문화적 차원의 세계 최고 수준 국가에서 부족한 1%를 채울 수 있다고 본다. 특히 한식 세계화는 단순히 한식을 글로벌 시장에 널리 보급하고 알리는 차원을 뛰어넘어 우리 민족적 자긍심과 문화적 가치에 대한 자존감을 고양할 수 있기 때문이다.

21세기 글로벌 경쟁의 양상은 문화전쟁으로 펼쳐지리라는 것이 대부분 미래학자와 전문가들의 공통된 의견이다. 주요한 세계 시장은 각국 문화상품의 각축장이 될 것이다. 그런 측면에서 최근 K-콘텐츠의 빛나는 성취는 대한민국 장래를 더욱 밝게 해 주는 견인차가 될 것으로 생각한다. 더욱이 한강 작가의 2024년 노벨문학상 수상은, 문화 강국으로서 대한민국의 입지가 좀 더 강화하는 좋은 계기가 되기도 했다.

이제 K-팝 등 대중음악부터 드라마, 영화, 클래식, 문학에 이르기까지 세계 최고 수준의 문화력을 보여줌으로써 대한민국의 위상은 한층 높아졌다. 단순히 여기서 그치는 게 아니라 각 문화 분야 전반과 함께 식문화까지 세계 수준으로 약진해 경쟁력을 보여줘야 하며 이를 기반으로 산업화 단계까지 도달해야 한다고 믿는다. 지난 시대의 기업 정신이 '산업보국'에 맞춰져 있었다면 지금의 화두는 '문화보국(文化報國)'일 수밖에 없는 이유다.

국내 처음으로 한식 세계화를 공론화한 주인공으로서 나는 한식이 글로벌 시장에서 성공 가능성이 매우 크다고 본다. 왜냐하면 젊은 시절 전 세계를 돌아다니며 많은 국가의 의식주와 문화에 관심을 두고 각 나라의 음식을 먹어 온 체험을 통해 어떻게 하면 한식이 세계인들의 입맛을 사로잡을 수 있을지에 대한 방향성을 잘 알았기 때문이다. 가온과 비채나를 운영하는 과정에서 그런 생각은 이제 확신으로 변했으며 부인할 수 없는 절대적 사실로 받아들이고 있다.

그 일을 더 이른 시일 안에 이룰 수 있는 주체는 역시 기업이라고 할 수 있다. 실천력에서 기업은 정부 등 다른 주체보다 훨씬 앞서기 때문이다. 가능성을 확인하고 성공한다는 확신이 들면 기업은 앞뒤 돌아보지 않고 뛰어드는 성향을 지니고 있기에 그렇다.

나는 이 막중한 사명을 대기업이 중심을 잡고 감당해야 한다고 오래전부터 외쳐왔다. 광주요그룹은 한식 세계화의 마중물 역할을 해 왔으며 충분히 그 소임을 잘 수행했다고 생각한다. 그러나 작은 기업으로서 그 대업을 맡아 지금까지 버텨 오기에는 매우 어려웠고 버거웠던 것도 사실이다.

대기업은 산업적 측면은 물론 문화적 측면에서도 절대적 힘과 능력을 활용해 우리 사회에 엄청난 영향력을 미칠 수 있는 존재이다. 그런 대기업의 파워로 한식 세계화의 대업을 추진한다면 우리 식문화와 국민 전체의 의식 수준까지 전면적으로 바꾸는 동시에 한식의 우수성을 널리 알려 세계인들에게 충분히 어필할 수 있다고 확신한다.

밑 빠진 독에 물 붓기? 아니 콩나물시루에 물 붓기였다

광주요그룹은 명품 생활도자기를 만드는 ㈜광주요와 국내 증류식 소주의 선두주자 '화요'를 생산하는 ㈜화요, 한식 세계화의 전초기지로서 발자국을 남기고 있는 가온과 비채나로 구성된 외식사업부로 이뤄져 있다. 가온은 내부 경영 재정비를 위해 2023년 초 운영을 잠시 중단하게 되었으나 한식 세계화의 임무를 수행하기 위해 조만간 다시 새로운 얼굴로 고객들을 맞이하리라 굳게 믿고 있다.

㈜광주요와 ㈜화요 그리고 가온과 비채나는 도자기와 술, 한식이라

는 대표적인 K-문화를 세계 속에 알림으로써 문화보국을 이끌고 내 꿈을 이루기 위한 삼각편대라고 할 수 있다. 도자기와 술, 한식 사업은 서로 관계가 없는 다른 사업인 것 같아도 '한국 식문화의 세계화'라는 하나의 큰 흐름 속에서 보면 맥을 같이하는 사업인 셈이다.

광주요의 도자기부터 한식 세계화를 목표로 문을 연 가온, 세계와 경쟁하기 위해 탄생한 화요 등 광주요그룹이 생산하는 모든 제품은 애초부터 글로벌 시장을 염두에 두고 출발했던 사업들이었다. 한식 세계화를 위한 첫 시도였던 가온에서 개발한 한식들이 주요한 사업 아이템이었다면 광주요의 도자기와 '화요'라는 술은 더 품격 있는 한식을 위해 돕는 조력자의 역할을 훌륭하게 감당하는 수단이었다.

선친의 광주요를 이어받은 후 30년이 훌쩍 넘는 시간 동안 나는 '밑 빠진 독에 물 붓기'처럼 계속 투자만 해 왔다. 주변에서 곧 망할 거라는 둥, 미친 짓이라는 둥 수군거리는 소리가 끊임없이 들렸지만, 나의 투자는 '밑 빠진 독에 물 붓기'가 아니라 '콩나물시루에 물 붓기'였다고 생각한다.

밑 빠진 독이나 콩나물시루에 부은 물이나 그대로 버려지는 건 똑같다. 그러나 헛수고처럼 보일지라도 콩나물시루의 물은 결국 콩나물을 자라게 한다. 내가 투자했던 엄청난 돈들은 콩나물시루 사이로 빠져나가는 물처럼 헛된 듯 보이지만 내가 꿈꿨던 가치, 즉 한국 식문화의 세계화를 조금씩 키워 온 자양분이었다.

그렇게 30년이 넘는 세월이 흘렀고 이제 한국 식문화의 세계화는 단순히 꿈이 아닌 형상을 지닌 또렷한 실체로 서서히 다가오고 있다.

나는 세계가 인정할 수 있는 가치를 만들기 위해 내가 가진 모든 것을 아낌없이 던져 도전했고 이제는 그 과실을 얻을 때가 되었다. 앞에서도 언급했듯 이후의 역할은 대기업의 몫이다.

보통 모든 사람이 인정할 만한 하나의 문화가 만들어지려면 이 문화를 향유하는 이들이 100만, 200만 아니 500만 명쯤은 되어야 한다. 그 문화를 인정하고 누리는 이들을 늘리는 것은 매우 어렵고 지난한 일이지만 한번 문화로 정착하면 영원한 비즈니스가 된다. 이 단계까지 오려면 당장 눈앞의 이익만을 추구하는 자세로는 어림도 없다. 최소 50년 혹은 100년, 그 이상을 이어 갈 문화와 기업을 만든다는 신념과 마음가짐이 필요하다.

광주요그룹의 기업 브랜드를 위한 전략적 경영

내가 만든 도자기와 한식, 술이 우리 고유의 수준 높은 문화를 상징적으로 보여주고 나아가 세계인들이 인정하며 그들과 당당히 경쟁할 수 있는 새로운 문화를 구축하는 일, 광주요의 대표이사를 맡게 된 지 채 몇 년이 되지 않은 1990년대 초부터 나는 그런 꿈을 꿔 왔다.

덴마크의 소설가이자 유럽미래학회의 자문위원인 롤프 옌센(Rolf Jensen)은 "미래는 꿈꾸는 경영자들의 시대이다. 다시금 꿈과 감성이 지배하는 세계가 되돌아오고 있다."라고 말했다. 나는 우리 문화가 세계인들을 놀라게 하는 미래를 현실로 만드는, 꿈꾸는 경영자였다고 해도 틀린 말이 아니었다.

광주요그룹 경영의 핵심은 모든 것이 문화로 연결되며 우리 문화를 세계 보편적 문화로 정착시켜 낼 의지와 목표를 달성한다는 데 있다. 그러기 위해 이제는 진정한 기업으로서 광주요그룹의 기업 브랜딩이 필요하고 이를 구축해야 할 시점에 이르렀다. 기업 브랜드는 단지 고객의 기호와 취향에 맞춰지는 제품 브랜드보다 훨씬 중요하다. 기업의 내부 구성원은 물론 고객과 투자자, 협력회사 등 모든 이해관계자가 고려의 대상이기 때문이다.

기업 브랜드 관리의 세계적 전문가이자 학자인 메리 조 해치(Mary Jo Hatch), 메이켄 슐츠(Majken Schultz)는 『기업 브랜드의 전략적 경영』에서 기업의 전략적 비전, 기업문화, 이해관계자들이 그 기업에 갖는 이미지의 일관성이 강할수록 기업 브랜드가 더 강력하다고 역설했다.

한국의 식문화를 세계화한다는 비전은 이미 초기부터 갖춰진 것이니 두말할 필요는 없다. 타 기업들과는 차별화한 광주요그룹의 기업문화 역시 초기부터 내 비전을 직원들과 함께 공유하고 소통하며 만들었다. 이중장부나 분식회계 등 고질적인 전근대적 기업 경영은 애초부터 배제되었으며 법적, 회계상 투명성을 고수해 왔다.

특히 사원부터 임원까지 자유롭게 의견을 나누는 광주요그룹의 토론 문화는 이미 대외적으로도 잘 알려져 있다. 이는 도자기와 한식, 술을 통해 우리 고유의 문화를 세계적 수준으로 끌어올림으로써 세계인들과 당당히 경쟁할 수 있는 새로운 문화를 구축하는 일에 나부터 말단직원에 이르기까지 같은 목표를 공유하고 함께 이루려

㈜화요는 세계 최고의 브랜드 역량을 갖추기 위해 국내 최초로 최고의 첨단 설비인 스마트 팩토리를 구축했다

빅데이터, AI 기술이 접목된 스마트 팩토리

노력하는 기업으로서의 정체성을 갖고 있기에 가능한 것이었다.

여기에 꿈과 감성을 통해 우리 문화를 세계화할 수 있는 역량을 갖춘 기업 브랜드를 쟁취하기 위해 최고의 첨단 설비를 갖췄다. 또다시 무한 투자를 감행해야 했던 것이다. 2023년 스마트 팩토리 구축을 시작으로 제조공정 기술의 개발과 과학화에 집중했고 4차 산업혁명의 최고 화두인 빅데이터, AI 기술을 활용해 고품질의 주류 제조를 시도하는 중이다. 주류업체로서는 국내 최초로 '스마트해썹(HACCP)' 인증 확보라는 위업을 달성했으며 이를 통해 고도화하고 안정된 품질 환경을 갖추고 있기도 하다.

제2공장 증축과 패키지 리뉴얼 등에서 첨단 설비의 도입뿐만 아니라 문화를 추구하는 기업답게 건축물 외관과 공간 디자인 등 모든 요소에 광주요그룹이 지향하는 미학적 가치와 예술성을 담아냈다. 제품뿐만 아니라 우리 스스로 우리만의 정체성을 구축했다고 해도 과언이 아니다. 이런 노력이 광주요그룹의 기업 브랜드를 강화하고 글로벌 시장에서 당당히 경쟁할 수 있는 동력을 만들어 냈다고 감히 자부한다.

내 삶은 꿈이 만들었다. 그 꿈은 지금도 광주요그룹을 통해 시나브로 현실로 빚어지고 있다. 세계 시장을 향해 보폭을 넓히고 있는 우리의 꿈이 곧 세상을 바꿀 거대한 바람이 된다면 더는 바랄 게 없겠다.

최첨단 설비가 갖춰진 ㈜화요 제2공장 전경

'문화보국'의 꿈을 놓지 않으려는 한결같은 전진

『드림 소사이어티』, 롤프 옌센, 2000
『조태권의 문화보국』, 조태권, 2012

　대한민국 최초의 생활도자기 개발자, 고급 한식당을 상품화해 성공한 기획자, 명품 전통주를 재현한 애국 CEO, 우리 식문화를 세계에 알리는 일에 매진해 온 한국 전통문화 전도사.
　지난 30여 년간 나의 활동을 가까이서 지켜봐 왔던 이들의 눈에 비친 내 정체성이다. 한식 세계화라는 원대한 꿈을 꾸고 실행에 옮기면서 개인적인 이익이나 사업의 성공만 바랐다면 이런 평가가 있을 수 없을 것이다.
　한식 세계화는 단순히 한국 음식이나 자기, 전통주만 팔자는 것만은 아니다. 동서고금을 막론하고 음식은 곧 문화였다. 음식과 식기, 술이 어우러진 우리의 전통을 현대적으로 재해석해 브랜드화함으로써 우리의 문화를 알리고 고부가가치를 창출하려는 것이 나의 의도였다.
　이른바 '문화보국(文化報國)', 즉 문화로 나라를 지켜야 한다는 오래된 생각을 바탕으로 나는 30년 넘게 지치지 않고 달음질쳐 왔다. 작금의 시대에 치열하게 전개되는 글로벌 문화전쟁에서 대한민국이 뒤처지지 않기 위해 무엇을 해야 하는지, 어떤 가치를 살려내야 하는지 수많은 시행착오를 거치며 나름대로 고민했더랬다. 광주요의 생활도자기, 한식당 '가온'과 '비채나' 그리고 명품 전통 증류주 '화요'가 치열한 고민과 모색의 결과물이었다.

이익의 극대화? 미래의 경영은 그런 것이 아니다

'기업의 형태와 구조, 존립 조건 따위를 이론적으로 해명하고 현실적인 당면 문제를 해결하는 방법을 연구하고 개발하는 학문.' 경영학의 사전적 정의이다. 즉자적으로 이해하기 쉽지 않은 정의인데 쉽게 풀어 단도직입적으로 말한다면, 이익을 극대화하는 방법을 찾고 이를 추구하는 학문, 이익을 지상 최대의 목표로 하는 학문이 바로 경영학이라고 할 수 있다.

지난 30년 동안의 광주요그룹을 이끌어 왔던 나의 경영행위를 비춰 보면 내 경영은 위의 정의에 부합하지 않은 것이라고 보는 게 거의 맞을 듯하다. 애초부터 한식 세계화와 우리 식문화를 알리는 것이 쉽지 않은 일이었기에, 손해 볼 것을 충분히 예상하고 막대한 돈을 투자했으며 실제로 수백억 원의 자금 손해를 피할 수 없었기 때문이다.

경제학이나 경영학은 '인간은 합리적 동물'이라는 대전제 아래 성립된 학문이고 경제행위와 경영행위는 그러한 가치에 맞게 이뤄져야 정상이다. 물론 내 경영행위 역시 이익을 위한 것이었다. 어느 경영자가 손해 볼 것을 목표로 기업 경영을 시도하겠는가.

그러나 '미래는 꿈꾸는 경영자들의 시대다'라는 가히 혁명적인 주장을 했던 『드림 소사이어티』의 저자이자 덴마크 미래연구소장인 롤프 옌센의 생각처럼 장래의 경영은 수단과 방법을 가리지 않고 이익만을 추구했던 과거의 양상과는 크게 달라질 것이며 그래야 한다고 나는 생각한다.

책의 제목이자 롤프 옌센이 예견했던 사회에 대한 개념인 '드림 소사이어티'는 산업사회와 정보사회에 뒤이어 올 미래사회의 형태로, 꿈과 이야기 같은 감성적 요소와 상상력이 중요시되는 사회이다. 꿈과 감성을 파는 사회. 생각만 해도 가슴 벅차오르는 이런 사회는, 뒤집어 말하자면 '스토리텔링'이 있는 문화적 상품을 개발하고 그 안에 이야기를 담아내는 것이라고 할 수 있다.

이미 20여 년 전에 그런 사회의 도래를 예견한 저자는 "국민소득이 낮은 나라들이야말로 드림 소사이어티가 찾아 헤매는 상품들을 통해 성장할 수 있다. 특히 아프리카의 많은 나라는 자연과 야생생물들뿐만 아니라 신화와 전설, 생활양식 그리고 의식들로 번성할 수 있으며 그들의 문화를 다른 나라에 판매함으로써 급속히 발전하는 새로운 경제를 창출할 수도 있다"라고 강조한다. 문화의 중요성을 역설한 것이다.

이제는 이익 추구만을 위한 경영이 아니라 새로운 문화를 만들어 가는 경영의 시대가 되었다. 나는 광주요그룹 경영을 통해 한식 세계화 나아가 우리 식문화를 세계에 알림으로써 국부를 창출하는 데 조금이라도 도움이 되는 경영을 시도해 왔다.

앞의 장에서 언급했듯 대한민국은 물질적 경제 성장을 실현했지만,

문화적 성취는 아직 미완성이라고 할 수 있다. 문화적 정체성의 확인과 확립에 문필가, 영화감독, 예술가뿐만 아니라 기업과 함께 나와 같은 기업인도 이바지할 수 있고 반드시 그래야 한다.

특히 대기업의 역할이 매우 중요하다. 예컨대, 대기업이 한식 세계화를 지향한 고급 한식당을 경영하게 된다면, 수만 명의 직원을 거느린 대기업들이 내부 고객이 될 수도 있고 막대한 자금력으로 투자와 지원이 이뤄진다면 훨씬 다양하고 다채로운 한식의 창조가 이뤄질 것이다.

대기업의 브랜드 파워와 실천력은, 내가 오랜 시간 외롭게 추구해 왔던 한식 세계화와 한국 식문화 발전에 엄청난 도움이 될 것으로 예견된다. 나아가 그러한 경영은 미래 국가 경제의 기반이 될 것이며 내수 경제의 핵심 동력으로 자리할 것이다. 이제 대기업은 한식 세계화와 우리 식문화를 널리 알리는 데 광주요그룹과 도반(道伴)이 되어야 한다.

미래를 꿈꾸는 경영, '문화보국'의 완수를 위하여

나는 '문화보국'의 꿈을 이루기 위해 30년이 넘는 세월 동안 한길로 묵묵히 걸어왔다. 내 젊음과 에너지, 사재(私財)를 쏟아부어 여기까지 왔다. 우리 국가와 민족이 문화적, 사회적으로 자존심을 회복하고 미래의 먹거리를 창출하기 위한 내 나름의 방식으로 싸워 온 것이다.

이런 노력을 인정받아 나는, 2017년 1월 한국이미지커뮤니케이션

연구원(CICI)이 선정하는 '2017 한국 이미지상'을 받았다. '한국 이미지상'은 한국의 아름다움을 세계에 알리고 한국의 이미지를 드높이는 데 이바지한 한국인이나 기업 등에 수여하는 상이다. 세계적인 골프선수 박세리 선수와 구글 딥마인드 인공지능 컴퓨터 '알파고'가 나와 함께한 수상자였다.

2017년 12월에는 강인한 도전정신과 '온고지신' 철학으로 우리 한식이 세계와 경쟁할 수 있는 길을 개척한 공로로 HDI인간개발연구원이 주관한 '제3회 HDI 인간경영대상' 가치창조 부문 대상을 수상했다.

그 밖에도 나는 과분하게도 여러 종류의 많은 상을 받았다. 상을 받았다는 것이 중요하거나 이를 자랑하려고 하는 게 아니다. 내가 시도해 왔던 우리의 전통적 가치를 되살리고 재창조하는 과업이 매우 중요하며 비로소 적절한 평가를 받기 시작했다는 사실을 말하고 싶다. 아직 성은 차지 않지만 그래도 이만큼 온 것이 매우 감격스럽고 고마울 따름이다.

지난 2012년에 펴낸 책 『조태권의 문화보국』에서 나는 한식이 단지 음식이 아닌 우리 전통문화의 정수를 담은, 우리만의 정체성이라고 표현했다. 무려 600억여 원이라는 거금을 쏟아부어 시도했던 한식 세계화 노력, 20년을 설득력 있게 풀어내며 내가 축적했던 경험과 노하우, 나만의 비전을 제시했다.

이 책을 발간한 이후 한식에 대한 편견과 고정관념이 조금씩 깨졌고 우리 전통문화에 관한 관심도 커지기 시작했다. 그간의 내 노력과

단순한 이윤 창출을 넘어 사회적 가치를 창출해야 한다는 인식을 확산하는 데 이바지한 공로로 인간경영대상을 수상했다. ▲ ▼

5장. 성취

그 노력을 정리한 책이 우리 사회에 의미 있는 파문을 그리며 '밥상이 나라의 운명을 바꾼다'라는 외침의 메아리가 퍼져 나갔던 것이다.

이는 한식에 오래 이어 온 우리의 이야기를 담아 새로운 전통으로 창조해 내는 일, 그것이 강력한 국가 브랜드를 만들고 우리나라가 문화 강국으로 발돋움하는 지름길임을 확인하는 과정이기도 했다. 그렇게 책이 발간된 지 벌써 13년이 지났으나 아직 갈 길이 먼 것은 변함없는 사실이다.

2030년 세계 외식시장의 규모는 약 5,000조 원에 이를 전망이다. 오늘의 현실은 각국이 이렇듯 거대한 매머드급 시장을 차지하기 위해 치열한 전쟁을 벌이고 있는 형국이다. 이미 오래전부터 문화 강국의 지위를 얻으며 글로벌 식문화와 외식시장을 선점해 온 이탈리아, 프랑스 같은 유럽국가들은 물론 미국, 일본, 중국 등 국가들도 이 전쟁에 참여해 뜨거운 경쟁을 벌이고 있다.

아직 늦지 않았다. 우리가 이런 현실을 올곧이 받아들이고 초심으로 돌아가 다시 전통의 가치를 바로 세우는 성스러운 과업에 매진해야 한다. 더불어 우리 국민도 그런 상황을 깨닫고 의식 수준을 높여야 할 것이다. 그것만이 우리의 장래를 밝게 해 줄 유일한 길임을 확신한다.

선한 영향력을 끼치는 사회적 기업으로

『카르마 경영』, 이나모리 가즈오, 2005

미래학자 존 나이스비트는 'cause-related marketing'이라는 보고서에서 기업이 선한 일을 할수록 그 결과로 판매와 수익이 증가한다고 주장했다. 그는 수익이 5만 달러 이상인 미국의 중산층 가정 중에 '자신들이 지지하는 목적에 어떤 기업이 관련되어 있을 때 그 이유만으로 그 기업의 상표를 선택하는 비율이 82%에 이른다'라고 말했다.

기업은 지역사회의 일원으로서 우리 사회에 대한 권리는 물론 일정한 의무를 갖고 있다. 지역과 사회 발전의 요체로서 기업의 의무와 역할은 아무리 강조한다 해도 과함이 없다고 하겠다.

기업의 사회적 책임 그리고 역할과 관련, 최근 사회적 기업에 관한 관심이 크게 늘고 있다. 경제적 가치, 즉 이익만을 극대화하는 전통적 기업과는 달리 사회적 가치들을 우위에 두고 경제 활동을 수행하는 기업을 말한다. 사회적 기업은 취약계층을 노동시장으로 연결하고 지역사회 활성화를 꾀하며 지역경제에 보탬이 되고, 공공서비스의 수요를 충족시키는 기능을 한다.

1970년대 유럽의 민간에서부터 시작된 사회적 기업은 비영리조직, 유한회사, 협동조합 등 다양한 형태로 증가해 왔는데 미국의 '그레이스톤 베이커리', 캐나다 '키즈링크', 영국의 '빅이슈' 등이 대표적인 사회적 기업으로 잘 알려져 있다. 사회적 기업은 기업의 사회공헌을 바탕으로 윤리적 경영문화를 실현하는 점에 그 의의가 크다고 할 수 있다.

사회적 기업은 아니지만, 광주요그룹도 초창기부터 이윤 일부를 사회에 환원하고 국가와 사회 발전에 이바지해야 한다는 책임감 하에 사회공헌활동과 함께 기부 활동을 해 나가야 한다. 그것이 사회로부터 큰 혜택을 입은 기업의 역할이다. 향후 광주요그룹은 기부를 비롯한 사회공헌활동에 동참할 것을 약속드린다.

기업의 사회적 책임은 선택이 아닌 필수

지구상에서 가장 권위 있는 상인 노벨상은 다이너마이트를 발명한 사업가이자 공학자 알프레트 노벨(Alfred B. Nobel)의 유언에 따라 제정된 상이다.

그런데 노벨의 유언에 따라 노벨상이 만들어지지 않았다면 그의 이름은 아마도 역사에서 삭제되는 비운을 맞았을 것이다. 왜냐하면 그의 발명품으로 인해 많은 사람이 전쟁에서 목숨을 잃었기 때문이다. 노벨에게 큰 부를 안겨준 다이너마이트는 인명을 살상하는 무기로 악용되었으며 그러기에 그는 생전에 많은 비난을 받을 수밖에 없었.

거기서 멈췄더라면 노벨의 이름은 우리 기억 속에 남아 있지 않았을지도 모른다. 전 재산을 기증해 노벨상을 제정해 인류 역사와 문화 등에 업적을 남긴 이들에게 상을 줌으로써 사회에 공헌했고, 노벨상은 모든 인류가 받고 싶은 최고 권위와 영광의 상징이 되었다.

　마이크로소프트사의 창업주이자 최고 경영자였던 빌 게이츠(Bill Gates)도 마찬가지였다. 사무용 프로그램과 인터넷 운영체제 시장을 독점하며 수많은 경쟁업체를 무너뜨린 그는 업계 내에서 탐욕의 화신으로 인식되었고 한때 숱한 비난에 휩싸이며 위기를 맞기도 했다.

　그런 위기를 기회로 바꾼 빌 게이츠의 회심의 카드는 기부였다. 개인 재산의 절반 이상을 공익 재단에 내놓으며 회사는 물론 자신의 이미지를 반전시켰던 것이다. '기부액 세계 1위 기업인'이라는 기록은 아직도 깨지지 않고 있다.

　기업 혹은 기업가가 사회적 책임을 다할 때 이렇듯 위기가 기회가 되고 많은 이들에게 존경과 칭송의 대상이 된다. 그런 존경과 칭송을 받기 위한 목적으로 사회적 책무를 실천하는 것은 물론 아닐 것이다.

　처음 광주요를 맡은 1980년대 후반부터 지금까지 나는 아주 작고 소소한 것이라 할지라도 사회적 책무를 이룰 수 있는 일이라면 좌고우면하지 않고 추진해 왔다.

　우선 광주요의 대표가 된 후 얼마 지나지 않은 시점부터 생활도자기를 만들고 다시 그 도자기에 담아낼 한식과 뒤이어 전통주까지 내 관심의 향방이 우리 식문화를 전 세계에 널리 알리는 쪽으로 나아간 것 자체가 넓은 의미에서 보면 사회적 책임을 위한 행위라고 할 수 있다.

　한식이 그저 끼니를 때우거나 술 마시기 전 가볍게 배를 채우는 음식쯤으로 생각하는 우리 국민의 인식을 바꿔 세계적인 요리로 탈바꿈시키고 우리 도자기의 가치와 명품 전통주의 개발을 통해 우리 고유의 문화를 창의적으로 계승하는 동시에 재창조하는 것은, 분명 사적 이익을 추구하는 전통적 경영의 차원에서는 이해되지 않는 일이기 때문이다.

실제로 지난 30년 이상 내가 추진해 온 사업들은 기존에 없었던 새로운 도전이자 '밑 빠진 독에 물 붓는' 수준의 무모한 시도였다. 그렇기에 구체적인 성과가 잘 나타나지도 않았고 그로 인해 경영 위기도 빈번히 겪어야 했다. 그러나 내가 생각하는 바에 대한 확신과 거기서 비롯된 사명감과 신념을 바탕으로 꿋꿋이 헤쳐 나올 수 있게 되었다.

'인생은 사람이 생각한 것의 결과이다'

세계적 권위의 노벨상이 전 재산을 기증한 노벨의 의지에 따라 제정되었듯, 또 마이크로소프트사의 기업적 명성이 빌 게이츠의 기부로 인해 형성되었듯 기업으로서 광주요그룹의 이미지와 성취는 결국 최고 경영자인 내 의지와 생각들로부터 기인한 것이다.

처음부터 광주요그룹의 존재 이유를, 사익 추구가 아닌 우리 식문화와 전통문화를 널리 알리고 그 가치와 우수성을 증명해 냄으로써 우리나라가 문화 강국으로 발돋움하도록 이바지하는 데 뒀기 때문에 오늘날 광주요그룹에 쏟아지는 외부의 시선과 평가에 대한 일련의 모든 책임은 최고 경영자인 나에게 있다고 해도 결코 틀린 말은 아니다.

　불모지였던 한식 세계화 등 문화사업에 수백억 원의 돈을 쏟아붓고도 모자라 광주요그룹은 화요 공장이 위치하고 있는 이천지역의 쌀 고가 매입을 비롯한 지역사회에 대한 환원, 세월호 성금과 정기적인 사랑의 열매 성금 같은 재난재해 성금 기부, 문화재 보존과 복원을 위한 지원, 홀트아동복지회 후원 등 사회공헌활동을 이어 왔다.

　앞으로도 광주요그룹은 도움이 필요한 우리 사회의 취약계층을 비롯해 아동·청소년 등 다음 세대를 키우고 양육하는 데 필요한 곳에 아낌없이 그리고 끊임없이 지원하고 기부할 예정임을, 그런 의지를 최고 경영자인 내가 지니고 있음을 밝혀 둔다.

　일본 기업 경영의 역사를 다시 썼다는 평가를 받은 바 있는 '교세라'의 창업주 이나모리 가즈오(稲盛和夫)도 자신의 역작인 『카르마 경영』에서 이와 같은 기업과 기업가의 자세를 강조하고 있다. 그는 사업의 원리원칙에 관해 설명하면서 결코 회사의 사익이나 체면에 있지 않다고 역설한다. 그것은 사회나 사람들에 대한 공헌에 있다는 것이 이나모리 가즈오의 주장이다. 내 생각도 다르지 않다.

　그는 또 "인생은 사람이 생각한 것의 결과이다."라고 말했다. 내 삶의 여정, 기업가로서 밟아 온 과정을 되돌아보면 이나모리 가즈오의 말처럼 소름 돋게 진실을 보여주는 언술(言術)도 없다고 생각한다. 저자가 제목에 사용한 불교 용어 '카르마(karma)', 즉 '사념(思念)이 업(業)을 만든다'라는 의미를 빌린 것과도 일맥상통한다고 느꼈다.

　그렇게 인생은 누구든 마음에 그린 대로, 생각하는 대로 이뤄지는 법이다. 내가 광주요그룹을 통해 시도했던 것들, 이를테면 대한민국 최초의 생활도자기 개발에서부터 고급 한식의 상품화를 통한 세계화 추진, 명품 전통주의 재현 등 우리 문화를 알리고 재정립하기 위한 노력, 지역과 사회에 대한 기부와 공헌 활동에 이르기까지 모두 평소 내 의지와 생각들을 현실화하기 위한 노력의 결과라고 생각한다.

어쨌든 성공한 기업과 기업가들은 사회적 책임을 다해야 할 의무가 있다. 소위 '노블레스 오블리주(Noblesse oblige)'를 실천해야 하는 것이다. 이는 부와 권력, 명성은 사회적 책임을 지킨다는 전제 아래 그 존재 의미가 있다는 뜻이기도 하다.

나는 부와 권력, 명성을 가진 우리 사회의 지도층, 상류층이 노블레스 오블리주를 실천할 수 있는 첩경은 바로 민족문화, 전통문화 산업에 투자하는 것이라 여러 차례 외쳤다.

그동안 이런 주장을 직접 실현하기 위해 나는 광주요그룹을 통해 숱한 노력을 기울였다고 자부한다. 아직은 미약하고 갈 길이 멀지만, 지금의 성취를 이뤄낸 것은 그나마 다행이다. 그리고 그것은 글로벌 문화전쟁에서 충분히 경쟁력을 갖춘 우리 전통문화의 창조적 복원과 함께 사회공헌을 바탕으로 윤리적 경영문화를 실현하려는 나의 평소 철학이 이제 빛을 보기 시작했다는 사실을 의미하는 것으로 생각한다.

6장

저물녘

나는 내 방식대로 즐겁게 살아왔다

『사람은 생각하는 대로 된다』, 얼 나이팅게일, 1987

인생은 '한 판 더'가 없는 단판 승부이다. 단 한 차례의 게임이기에 우리는 하나뿐인 유일한 삶을 되도록 성공적으로 살고 싶어 하며 이를 위해 전 생애를 바쳐 엄청난 노력을 기울인다.

때로는 선택의 갈림길에서 갈등하고 스스로 잘못된 선택에 후회하며 아파하기도 한다. 작은 성취에 고무되기도 하며 성공의 공식을 찾아 헤맨다. 최후에 웃기 위해 매 순간 고군분투하는 것이 우리 인생이다.

성공적 삶이란 무엇인가. 어떻게 사는 것이 행복한 인생이며 의미 있는 삶이 되는 걸까. 산수(傘壽: 80세)를 목전에 둔 적지 않은 나이에도 풀기 어려운 문제임을 고백하지 않을 수 없다.

사실 많은 이들이 성공을 원하지만, 현실적으로 성공하는 사람보다 실패하는 사람이 훨씬 더 많다. '실패는 성공의 어머니'라는 진부한 경구에 기대지 않더라도 성공은 수많은 실패가 쌓여 만드는 결과라는 것을 누구든 잘 알고 있다. 그렇듯 우리 인생은 녹록지 않은 여정인 셈이다.

여든 가까이 살아온 내 삶의 여정을 회고해 보더라도 끝없는 실패의 연속이었으며 그 실패로 인해 남겨진 부산물들이 모여 현재의 나를 만들었다. 그러나 거대한 실패의 사이사이 반짝이는 작은 성취들이 내게는 삶의 의미와 보람을 느끼게 해 준 것들이었다.

'성찰', 나를 깨우고 나를 만들었던 것

누구든 성숙한 인간으로서 완성되기 위해 여러 단계의 과정을 거치며 다음 단계로 나아가는 과정을 통해 발전과 성장을 이룬다. 그 과정에서 힘들고 고통스러운 시행착오와 갖가지 경험을 하게 되고 누구든 그 과정을 견뎌야 하지만 그것은 인간이라면 누구나 겪어야 하는 필연적인 여정이기도 하다.

비교적 유복한 가정에서 태어나 안정감 있는 유년을 보냈던 나도 인생의 각 단계를 힘겹게 거치며 시나브로 성장해왔다.

또래보다 먼저 세상의 간난신고(艱難辛苦: 몹시 힘들고 어려우며 고생스러움)를 맛봤던 중고등학교 시절, 치열하게 공부했던 미국 유학 시절과 대기업 직원과 사업가로 수많은 나라를 돌아다니며 각국의 전통과 문화를 체험했던 젊은 시절, 선친의 갑작스러운 작고로 광주요를 맡아 경영자로 변신한 후 우리 전통문화의 가치를 재창조하는 기업가가 되어 치열하게 활동해 온 30여 년 등 내 삶의 모든 여울목에는 견딜 수 없을 만큼의 고통과 시련이 존재했었다.

삶의 고비 고비마다 내가 어려움과 역경을 이겨낼 수 있었던 유일한 무기는 바로 '성찰'이었다. 서구문화의 철학적 기초를 세운 고대 그리스의 위대한 철학자 소크라테스는 "성찰 없는 인간은 살 가치가 없다"라고 말한 바 있다. 최소한 가치 있는 삶을 사는 인간이란 바로 성찰하는 모습을 보이는 인간이라는 의미이다.

성찰의 의미를 사전에서 찾아보면 '자기 일을 반성하며 깊이 살핌'이라고 설명하고 있다. 즉 성찰은 자신의 삶에 대한 반성이 선행되는 행위이자 삶의 자세라고 할 수 있다. 스스로 삶을 반성한다는 일은 말처럼 쉽지만은 않다. 더욱이 타인에게 드러내는 반성보다 스스로 인정하는 반성은 더 힘들고 아픈 법이다.

스스로 한 일에 대해 반성해야 한다는 자각이 선행되어야 성찰에 이를 수 있으며 그런 뒤에야 자신을 깊이 살필 수 있다. 그런 자각, 즉 깨달음과 '깊이 보기'는 때로 엄청난 고통과 함께 부끄러움이 따른다. 어쩌면 그것은 치열한 자기와의 싸움이자 내면의 자아를 벼리는 작업이기도 하다.

그리 크게 성공한 인생은 아니지만 나는 내 삶을 가장 의미 있고 보람 있게 만들었던 가장 중요한 요인이 바로 그 성찰이었다고 생각한다. '한 판 더'가 없는 인생에서의 성공적 삶이란 이렇듯 성찰의 과정을 체험하느냐, 아니냐에 따라 결정될 수도 있다는 게 내 생각이다.

세속적 출세와 부, 명예가 그 기준이 된다고 생각지 않는다. 우리의 삶, 인간의 궤적이란 결국 우리 안에서, 우리가 딛고 서 있는 이 세상과의 관계 속에서 자신이 누구인가를 깨닫고, 배우고, 이해하며 성찰하는 과정이기 때문이다.

사업에서도 마찬가지였다. 눈앞의 이익을 추구하는 경영을 시도했다면 생활도자기, 가온과 비채나, 화요는 존재 가치를 얻을 수 없었을

는지도 모른다. 이들은 모두 30년 넘게 내가 지켜온 한국 전통 식문화의 가능성에 대한 소신과 철학의 자식들이다. 내 경영의 모든 과정과 영역에서 성찰이 없었더라면 애초부터 태어나지도 않았을 테니까 말이다.

나는 내가 생각하는 삶을 추구하며 살아왔다

'사람은 생각을 통해 스스로 자신의 운명을 헤쳐나가는 존재'라는 얼 나이팅게일(Earl Nightingale)의 사상은 평소 내가 했던 생각과 크게 다르지 않다. 세상에 눈을 뜨기 시작한 사춘기 무렵부터 나는 그와 엇비슷한 생각을 하며 성장하기 시작했던 것 같다. 세상을 보는 눈이 점차 커질 시기에 나는 내 방식대로 살아 가 보자는 생각을 하게 되었다.

작가이자 20세기에 가장 위대한 동기부여 연설가로 잘 알려진 얼 나이팅게일의 탁월한 역작 『사람은 생각하는 대로 된다』에서 그는 우리의 마음은 삶의 조종장치이며 생각이 삶의 방식을 형성하는 궁극의 진리라고 역설했다. 사람들이 인생에서 실패하거나 성공하는 이유는 생각이 천차만별이기 때문이라는 것이다.

성공하는 사람들은 언제나 타인들과는 다른 생각을 하며 그 생각이 성공의 핵심이라고 그는 강변한다. 부처의 설법처럼 소가 수레를 끌 듯이 생각은 사람을 끌고 가는 법이다.

그렇다면 그 생각이란 어떤 것을 말하는 것일까. 얼 나이팅게일에 따르면, 타인들에게 봉사하고 그들에게 도움이 될 수 있는 생각, 그런 가치 있는 일에 관한 생각을 키우는 일과 이를 이루기 위해 희망과 목표를 세우고 끈기 있게 그것을 이루려는 생각과 노력이 중요하다.

얼 나이팅게일의 책 소제목들, 이를테면 '사명과 목표가 필요하다'든지 '부는 다른 사람을 돕는 것에서 시작된다'라거나 '큰 기대를 품어라', '포기하지 말고 계속하라'라는 지침들은 그 자체로 하나의 훌륭한 인생을 영위할 수 있는 경구(警句)가 된다. 그리고 이러한 각 지침의 최종 결론이 바로 '생각이 미래를 결정한다'라는 명제이다.

생각이 모든 걸 바꿔 놓는다. 앞에서도 자주 언급했듯 내 삶이 그랬다. 광주요의 대표를 맡고부터 나는 우리 삶과 직결된 일상으로서의 '문화'에 관심을 두게 되었고, 그 가운데 한식을 비롯해 우리 식문화를 세계에 알림으로써 문화 경쟁 시대에 당당히 승리해 국가 브랜드를 만들고 문화 강국으로 가는 길을 놓는 데 내 인생의 사명과 목표가 있다고 생각했다. 그런 사명과 목표를 세워 30년이 넘도록 포기하지 않고 쉼 없이 달려왔다.

그렇다고 내가 성공만을 위해 생각하는 힘에 의지한 것은 절대 아니다. 성공보다는 오히려 위에서 언급했던 성찰을 더 중요시했다. 가난한 어린 시절을 보낸 얼 나이팅게일이 왜 어떤 이는 부자가 되고 다른 이들은 그렇게 되지 못하는지에 생각의 초점을 맞췄다면, 나는 가치의 문제에 관심을 뒀고 우리의 문화 경쟁력을 높이는 데 더 천착했다고 말할 수 있다.

이익이나 부를 염두에 뒀다면 내가 가진 생각을 현실화시키는 데 수백억 원을 투자할 이유가 없으며, 이익 창출을 위한 이력을 쌓는 데 아무런 도움이 되지 않을 성북문화원장 활동을 15년 가까이 이어 올 필요가 없었기 때문이다.

    내 삶은 나의 꿈이 만들었다. 그 꿈은 평소 생각의 '고갱이'들을 한데 뭉쳐져 형성된 것이다. 나는 내 생각대로 지금껏 살아왔고 더 엄밀하게 말하자면 내 방식대로 즐겁게 삶을 영위한 것이다. 그러므로 내 삶에 한 치의 후회나 회한도 없다.

미래전략을 그리다

『미래를 읽는 리더』, 조선일보 미래기획부, 2015

오늘날 기업 경영은 미래의 향방을 읽는 리더와 리더십을 요구하고 있으며 이에 대한 대처를 위해 나는 혁신적인 조직 쇄신을 시도하고 있다

1988년 광주요를 맡아 경영해 온 지 30년이 훌쩍 넘었다. 2003년에는 ㈜화요를 출범시켰고 이후 한식당 '가온'과 '비채나'도 열어 운영해 왔다. 광주요그룹이 걸어온 지난 세월의 여정을 한마디로 압축해 표현하자면 '창조적 혁신'이라고 감히 말한다면 만용일까?

사그라져가는 국내 도자기 시장에 과감히 생활도자기를 도입했고, 창의적 한식 메뉴를 선보인 고급 한식당 '가온'과 '비채나'로 한식 파인 다이닝 시대를 열었으며, 증류식 전통주를 탄생시켜 글로벌 시장을 목표로 대한민국 소주 시장의 새 장을 연 광주요그룹의 행보는 누가 보더라도 그 자체로 혁신이 아닐 수 없다.

오스트리아 출신의 위대한 경영학자이자 미래학자인 피터 드러커(Peter F. Drucker)는 "혁신이란 시장 또는 사회를 변화시키는 것"이라고 했다. 여기에 덧붙여 그는 "고객에게 더 많은 이익을 주는 것이고 사회가 더 큰 부를 창출할 수 있는 능력을 부여하는 것"이며 "더 큰 가치와 부를 만들 힘을 주는 것"이 혁신이라고 강조했다.

광주요의 생활도자기와 가온·비채나의 한식 메뉴, 화요의 전통주는 각각의 시장의 파이와 규모를 키우고 경쟁력을 통해 시장을 창출하면서 우리 사회의 부를 증진하는 역할을 해 왔다. 특히 우리 전통문화의 가치를 재창조함으로써 우리 민족의 우수성과 국격을 드높인 주인공으로 자리매김하고 있다. 국가 브랜드 창출을 통한 경쟁력 확보라는 측면에서 실로 엄청난 역할을 한 셈이다. 이것이 혁신이 아니면 무엇이 혁신일까.

중요한 것은 도자기와 술 그리고 한식 레스토랑, 이 문화 삼각편대의 중심을 흐르는 세계관 속에 우리 전통문화의 세계화, 보편화를 향한 내 꿈과 열망이 농축되어 면면히 이어 간다는 사실이다.

광주요그룹의 미래는 '글로벌 기업'

가업으로 도자기 사업을 물려받은 후 갖게 된 우리 문화는 우리 삶의 가장 가까운 곳, 가장 일상적인 지점에 있으며 오랜 시간 축적되어 왔고 이후로도 대물림되어 이어 간다는 사실을 깨달았다. 그런 깨달음을 바탕으로 나는 우리 전통을 현대적으로 재해석해 창조하고 계승하며 광주요그룹의 최고 경영자로 지난 30여 년의 세월을 치열하게 살아왔다.

이제 광주요의 생활도자기는 한국을 대표하는 전통 예술작품 혹은 일상에서 생활의 질을 높이는 명품으로 자리 잡았으며, '화요'는 국내를 넘어 세계가 인정하는 고품격의 술이 되었다. 지금은 문을 닫았으나 한식의 새로운 이정표를 제시한 '가온', 차세대 한식 레스토랑의 전형을 만들어 가고 있는 '비채나'도 미쉐린가이드에서 소개할 정도로 세계 유수의 고급 음식점들과 어깨를 나란히 했거나 하고 있다.

처음에는 앞이 전혀 보이지 않는 길 위에서 방향을 잡지 못했던 적도 있었고 새로이 시도하는 모험 속에서 불투명한 미래에 불안했던 적도 많았다. 그런 어려움과 불안 속에서도 내가 가는 길에 대한 확신으로 뚝심 있게 지금까지 밀고 왔다.

이제 광주요그룹은 전 세계에 주목받는 글로벌 기업으로 나아가야 할 길목에 서 있다고 생각한다. 업계의 상황 등 회사를 둘러싼 제반 환경들을 면밀하게 살펴 나가는 한편, 애초 광주요그룹이 추구해 오고 있는 가치들을 굳건하게 붙잡고 장기적인 안목으로 경영에 임해야 할 대이기도 하다.

광주요그룹은 이제 본격적 기업화의 단계에 들어섰다. 지난 2023년 12월, 화요 제2공장을 증축하고 패키지를 리뉴얼하는 등 새로운 도약을 위한 인프라 구축과 함께 소비자와의 접점을 확대하기 위한 마케팅, 파격적인 조직개편 등의 시도가 그 증거이기도 하다.

그렇기에 주먹구구식으로 기업을 이끌 때와는 다른 시스템과 체계가 절대적으로 필요한 시점이다. 창업 때의 기업 경영과 '규모의 경제(economies of scale)'로 갈 때의 경영은 크게 다르다. 광주요그룹은 이제 규모의 경제를 실현하는 기업으로 발돋움했으며 나아가 글로벌 기업으로서의 정체성을 만들어 가야 한다. 특히 화요의 해외 시장 공략을 위해 혁신적 조직개편이 필요한 시점에 이르렀다.

기업 경영과 관련한 지식 관리 방식에는 두 가지 지식 유형이 있다고 한다. 암묵지(暗默知, Tacit Knowledge)와 형식지(形式知, Explicit Knowledge)가 바로 그것이다. 이 두 지식 유형은 경영지식 창출과 공유 과정에서 상호 보완적 관계를 지니는데 암묵지란 말과 글 등 가시적으로 표현하기 어려운, 경험을 통해 습득되는 지식을 말하고 문서화하거나 일정한 시스템을 갖춘 지식은 형식지라고 한다.

책이나 이론으로 체계화하지 못한 암묵지는 실전과 경험을 통해서만 습득되는 소중한 지식이지만, 시스템화하는 기업으로 갈수록 암묵지는 자료화나 매뉴얼화한 지식인 형식지로 발전해 나간다.

창업 초창기부터 30여 년 동안 내가 구축해 온 암묵지는 이제 형식지로 발현해야 한다.

이를 위해 2024년 초, 창업자인 나는 대표직을 내려놓은 후 젊고 새로운 경영진을 꾸렸다. 2010년 그룹 기획이사로 입사해 식문화사업 업무를 주로 담당해 온 조희경 부사장이 광주요그룹의 캐시카우인 ㈜화요의 대표이사를 맡아 전체 경영을 이끌게 했다.

수출사업과 조직 쇄신을 위해 미래전략실을 신설하는 한편 마케팅 역량 강화와 영업경쟁력을 높이기 위해 외부 전문가를 영입하기도 했다. 전문성과 리더십을 갖춘 인재 위주로 새 진용을 구성하면서 조직의 다양성과 유연성을 높일 방안을 모색하게 된 것이다.

미래의 흐름과 변화를 통찰하라

나는 그룹 이사회 의장을 맡아 100년 기업을 위한 미래전략 수립과 함께 한국 식문화의 세계화 및 고급화를 위한 혁신에 전념하기 위해 일선에서 한 발 물러났다. 아직은 미약하지만, 더 스마트하고 열린 사고를 할 수 있는 세대에 실질적인 경영권을 내놓은 것이다. 이형기 시인이 '낙화'라는 시에서 표현했듯, 나는 '가야 할 때가 언제인지를 분명히 알고 가는 이'가 되고 싶었다.

그즈음 광주요그룹의 주력사인 ㈜화요는 종합 주류기업으로 발돋움하기 위해 몸부림치고 있는 상황이었다. 우리 전통주의 세계화를 위해 기존 주종 외에도 RTD 제품과 막걸리, 하이볼용 오크 숙성 소주 등 다양한 주종 생산을 추진하고 있으며 R&D센터 건립도 고려하고 있다.

2023년 스마트 팩토리 구축을 시작으로 제조 공정기술의 개발과 과학화 등 제조혁신에 나서고 있으며 국내 주류업계 최초로 '스마트 해썹(Smart HACCP)' 인증 획득 등 품질과 위생에도 각별히 신경을 쓰고 있다.

제조 전 단계의 자동화, 디지털화는 더 안전하고 위생적인 주류 제조를 위한 투자였으며 제2공장의 경우 더 고도화한 빅데이터 관리 체제를 적용해 국내 주류업계 최첨단 시스템을 구축함으로써 ㈜화요가 K-주류의 선두주자로 우뚝 설 수 있는 입지도 마련했다.

누구도 시도하지 않았던 한식의 고급화, 세계화를 목표로 운영되고 있는 '비채나'와 생활도자기를 공급하고 있는 ㈜광주요도 이제는 글로벌 시장에서의 경쟁력을 갖춰 놓은 상태이다.

이처럼 광주요그룹이 글로벌 기업으로 나아가기 위한 준비에 박차를 가하는 가운데 작금의 시대는 한 치 앞의 가까운 미래도 내다보기 어려운 국면으로 나아가고 있다. 지난 2019년 말 중국 우한에서 시작된 '코로나19 팬데믹'으로 전 세계는 불확실성이 일상이 된, 이른바 뉴노멀(New Normal) 시대로 접어들었다. 불확실한 미래를 읽는 리더와 그 미래를 이끄는 리더십이 기업 경영에서 요구되는 때인 것이다.

지난 2015년 '조선일보' 미래기획부가 기획한 '아시안 리더십 콘퍼런스'에 참여했던 세계를 이끄는 리더들의 명강연을 묶은 책 『미래를 읽는 리더』는 모든 것이 불확실해진 오늘날, 미래를 이끄는 리더들은 무엇을 준비하고 어떻게 국가 혹은 기업을 이끌어 갈 것인가에 대한 해답을 제시하고 있다.

중국의 알리바바 그룹 마윈 회장을 비롯해 후룬리포트의 루퍼트 후거워프 대표, 마블의 세블스키 수석부사장, 러브홈스와프의 CEO 데비 워스코 등 15명의 리더가 앞으로 닥칠 미래의 흐름과 변화에 대한 통찰을 소개한 이 책에서 모든 리더가 공통으로 강조한 것은, 자신의 역량을 의심하지 말고 변화의 방향을 잘 잡아 빈틈없이 준비하라는 것이다. 제대로 된 진단, 그에 맞는 적절한 처방과 해법이 무엇보다 중요하다는 의미이다.

앞에서 언급했듯 광주요그룹은 이제 규모의 경제를 실현하는 기업으로 나아갈 것이다. 지난 30여 년을 거치며 우리 전통의 가치를 재창조하는 기업으로서 입지를 다져온 것처럼, 그 정신을 오롯이 이어 가며 글로벌 기업으로 성장해야 한다.

양적 성장이나 이윤의 극대화가 진정한 목표가 아니다. 어떻게 광주요그룹이 추구하는 가치를 더 높여 다른 주류 브랜드와 문화 속에서 우위를 점해 가느냐가 더 중요하다.

새로운 가치를 만들어내는 것, 광주요그룹의 '세계화 비전'

오늘날 튀르키예의 영토 이스켄데룬의 해안지방에 연접해 있는 평원지역에서 벌어진 B.C 333년 이수스 전투는 세계사의 중요한 전환점이 된 사건이었다. 알렉산드로스 대왕이 이끈 마케도니아군과

다리우스 3세의 페르시아군이 맞붙은 이 전투의 승리로 알렉산드로스 대왕은 이후 이집트 정복과 동방 원정은 물론 인도까지 제국을 넓히며 인류 역사상 가장 위대한 인물로 추앙받아 세계사의 한 페이지에 기록되었다.

평소 자신을 '제우스의 아들'이라고 주장했고 스스로 신이자 불멸의 존재로 생각했다는 알렉산드로스 대왕. 서양 지성사의 최고 사상가이자 철학자로 꼽히는 아리스토텔레스의 제자인 그는 헬레니즘 제국의 건립자로서, 전쟁을 통한 원정 활동과 과학에 대한 탐구력으로 지리학, 박물학 분야의 큰 발전을 이룬 주인공이었다.

그의 활약으로 문명의 커다란 중심이 중부 유럽에서 동방으로 옮겨졌고 광범위한 식민지 개척의 물결을 타고 헬레니즘이 근동지역에 전파되었으며 경제, 문화적으로 넓은 단일 세계가 창조되었다. 이후 로마 제국의 건설과 기독교가 세계종교로 보급된 것도 알렉산드로스 대왕이 이룬 업적의 결실이었다.

이렇듯 알렉산드로스 대왕이 대제국을 이룰 수 있었던 것은, 왕위에 오른 후 차근차근 군력을 확충하고 그리스군의 전술을 도입해 전력과 전술에서 최강의 군대를 만들기 위해 노력했다는 점에 있었다. 이를 토대로 헬레니즘 문화를 동방에 확산하면서 단순한 군사 정복을 넘어 동서 문화가 융합된 새로운 문명 탄생의 계기를 만들었으며 고대에서 중세로 이어지는 문화적 기반을 쌓게 되었다.

알렉산드로스가 위대했던 점은 동방 문화에 대한 개방성과 융합 의지를 갖고 현지 문화를 무시하지 않고 융합하려는 정책을 펼쳤다는 사실이었다. 자신이 속한 그리스 문화에 대한 자부심이 강했으나 그는 새로운 문화적 조류를 만들려는 문명사적 전환을 꿈꿨던 것이다. 알렉산드로스 대왕의 동방 원정은 단순한 정복 전쟁을 넘어 문명의 대융합을 이룬 사건으로, 그의 헬레니즘 문화 확산 노력은 동서양의 경계를 허물고 고대 세계의 문명을 하나로 엮는 역사적 분기점이 되었다.

내가 많은 지면을 할애해 알렉산드로스를 언급하는 이유는 그의 탁월한 능력과 전략은 오늘날에도 적용할 수 있는 지점이 있기 때문이다. 나는 광주요그룹의 세계화는 알렉산드로스의 모델을 따라야 한다고 생각한다.

동서양의 통합을 위해 알렉산드로스는 먼저 내실을 탄탄히 다졌고 힘을 길렀다. 광주요그룹이 글로벌 시장에서 일정한 성취를 이루기 위해서는 먼저 내수 시장에서 탄탄한 브랜드 명성을 쌓아야 할 것이다.

국내에서 신뢰받지 못하는 브랜드가 해외에서 경쟁력을 갖추기는 어렵다. 세계화를 꿈꾼다면, 그 출발점은 바로 '국민 브랜드'로서의 입지를 다져야 한다. 국내 시장과 국내 소비자를 최우선으로 여기고 그들의 신뢰를 얻는 것이야말로 진정한 세계화의 첫걸음이 될 것이다.

나아가 우리가 구축해 놓은 문화적 가치와 그 기준을 잃지 않으면서도 그것이 현지 문화와 창의적으로 조화를 이루고 결합해 새로운 문화적 가치와 기준을 재창출하는 것이 무엇보다 중요하다. 여기에 문화적 대혁신의 가능성이 존재한다고 할 수 있다. 알렉산드로스는 동방 문화에 대한 개방성과 융합 의지에 따라 현지 문화를 무시하지 않고 조화하려는 정책을 펼쳤다.

광주요그룹의 세계화 전략 역시 이 부분에 초점이 맞춰져 있다.

세계 시장은 사업 논리만으로는 정복할 수 없다. 문화를 이해하고 존중하는 시선으로 접근할 때 비로소 지속 가능하고 깊이 있는 성과로 이어질 수 있으며 진정한 글로벌 시장의 승자가 될 수 있다.

이러한 철학을 바탕으로 광주요그룹은 세계화를 단순한 확산이 아닌, 문화 간 상생과 창조를 통해 실현하려는 전략을 지향하고 있다. 앞으로 10년 안에 세계 최고의 시장인 미국에 ㈜화요 양조장을 건설해 미국 시장을 공략하면서 새로운 가치를 만들어내는 일, 그것이 내 마지막 목표이다.

더 품격 있는 우리 문화의 미래를 상상하며

『팬덤 경제학』, 데이비드 미어먼 스콧 외, 2021

'자연 상태에서 벗어나 삶을 풍요롭고 편리하고 아름답게 만들어가고자 사회구성원에 의해 습득, 공유, 전달되는 행동 양식'. '문화(文化)'의 사전적 정의이다. 문화는 한 사회의 개인이나 인간집단이 자연을 변화시켜온 물질적, 정신적 과정의 산물이기도 하다.

고로 문화의 반대말은 우리가 흔히 착각하듯 야만이 아니라 '자연'이다. 자연은 '스스로 존재한다'라는 의미처럼 주어진 본연의 상태를 일컫는 용어이고 그 위에 인간의 지적 활동이나 노동이 입혀져 만들어진 모든 인공적인 산물은 문화이다.

이 개념을 인간에게 적용해 본다면, 태어날 때 지니는 본성은 '자연'이고, 성장하며 사회적 관계 속에서 후천적으로 습득하는 모든 것은 '문화'라고 할 수 있다.

그러므로 문화는 우리의 기본적 삶인 식의주(食衣住) 문화를 비롯해 문학과 역사, 철학 등 인문학, 사회과학과 자연과학, 공학, 기술, 예술, 종교 등 인간이 만들어 낸 모든 정신적 산물과 도시, 건축, 문명 등 물질적 산물들을 아우르는 광의의 개념이라고 할 수 있다.

어느 시대에나 문화가 만들어졌고 존재해 왔으나 21세기만큼 문화가 민족적, 국가적 브랜드로 주목받으며 그 중요성이 커진 시기도 없을 것이다. 경제 현상이 가시적인 파도나 물결이라고 한다면 그 수면 밑에 흐르는, 보이지 않는 해류와 같은 작용을 하는 것이 바로 문화이다. 그 때문에 경제를 움직이는 보이지 않는 힘은 문화에서 나온다. 이것이 인류 역사 속에서 이어 온 문명화의 과정이라고 할 수 있다.

K-문화 전성시대, 한식이 계속 이어가야 한다

오늘날은 그 문화의 관점에서 흐름과 변화를 이해하며 트렌드를 어떻게 파악하고 따르느냐에 따라 미래가 결정되고 그 미래의 성패가 판가름난다고 해도 과언이 아니다. 이는 개인이건, 기업이건, 국가건 예외가 없이 적용되는 진리이다. 즉 개인과 기업의 성공, 국가의 흥망성쇠가 모두 문화에 따라 결정지어지는 시대에 우리는 살고 있다는 것이다.

인류 역사에서 변화의 속도가 가장 빠르고 역동적인 시기가 현재 우리가 살아가고 있는 시대이다. 4차 산업혁명과 디지털 전환이라는 화두 아래에서도 여전히 '소프트 파워'가 요구되는 것은 미래를 움직이는 동력으로 문화의 가치가 얼마나 중요한가를 방증한다.

그렇다면 2025년 현재 대한민국은 어떤가. 문화 강국으로 우뚝 선 국가들 가운데 대한민국은 가장 주목받는 소위 '핫한' 나라라고 할 수 있다. K-팝을 비롯해 K-콘텐츠, K-무비 등 K-컬처 열풍은 오랫동안 세계인들의 열광 속에 이어져 왔으며 이렇듯 기세가 한껏 오른 한국 문화예술의 상승세는 우리 국가와 민족의 자존심을 시나브로 높여왔다.

이제 지구촌 어느 나라를 가더라도 우리 문화를 향유하고 즐기는 젊은이들을 어렵지 않게 만나 볼 수 있으며 대한민국은 세계인들의 부러움과 주목을 한 몸에 받는 나라로 인식되고 있다. 이는 우리 반만년 역사에서 한 번도 경험한 적이 없는 문화적 황금기라고 할 수 있다.

앞으로의 글로벌 경쟁은 문화 경쟁이 될 것이라는 미래학자들의 견해를 빌리면, 대한민국은 글로벌 경쟁에서 당당히 승리하고 지구촌 최고의 선진국이자 부국으로 도약하고 있는 국가인 셈이다.

오랫동안 한식 세계화 전도사를 자처해 온 사람으로서 나는 K-컬처의 열풍을 한식이 이어받아 그 영역을 더 넓혀야 한다고 생각한다. 전 세계가 대한민국의 K-컬처에 열광하는 지금이 곧 한식 세계화를 이룰 절호의 기회라고 생각한다. 한식은 우리 문화가 얼마나 우수하고 뛰어난지 보여주는 수단이자 우리가 선택할 수 있는 가장 효과적인 무기임이 틀림없다.

앞에서 언급했던 것처럼 식의주 문화가 문화의 가장 본질적이고 기초적이며 그 가운데서도 식문화는 단연 으뜸이다. 인간은 먹지 않으면 살 수 없는 존재이기 때문이다. 인간이 만들어 낸 문화 가운데 그 역사가 가장 길고 영역이 가장 넓은 것이 식문화인 것이다.

그러므로 식문화야말로 국가 브랜드 가치에 직접적인 영향을 미치는 핵심 요소이다. 이것이 문화로서 음식이 갖는 힘이다. K-컬처로 글로벌 경쟁에서 이미 앞서 나가고 있는 대한민국이, 반만년 역사의 토대에서 구축된 우리 전통 음식문화를 무기로 세계 시장을 공략한다면 그야말로 '달리는 호랑이 등에 날개를 단 격'이라 할 수 있다.

한식의 '팬덤' 시대를 열자

나는 앞으로 한식의 세계화를 넘어 한식의 '팬덤(Fandom)' 시대를 열어야 한다고 생각한다. 단순히 국내 수준의 팬덤에서 그치는 것이 아니라 글로벌 팬덤이어야 한다. 광신자, 열광자를 뜻하는 'fanatic'의 줄임말 팬(fan)에, 영지 혹은 나라를 의미하는 접미사 덤(~dom)을 붙인 합성어인 팬덤은 어떤 대상의 지지자들이 모인 집단, 그들의 문화를 일컫는 말이다.

K-팝 스타들에 열광하는 팬들처럼 한식에 열광하고 한식을 향유하는 팬덤이 만들어질 때 진정한 한식 세계화가 앞당겨질 수 있을 것이다. 그러려면 지금처럼 김치, 불고기, 비빔밥 정도의 메뉴로 '한식 팬덤'을 만들기는 부족하다. 한식의 글로벌 인지도를 높이는 데 필요한 것은 내가 오래전부터 목청껏 외쳐 온, 상상력과 창조력에 바탕을 둔 한식의 명품을 만들어야 한다.

명품이란 무엇인가. 희소성을 가진 제품 혹은 상품을 의미한다. 그렇기에 명품은 상품 이상의 것으로 이미지, 바로 브랜드가 생명이다. 선택된 소수, 상류층이 구매하면 마케팅의 동력이 되어 일반 계층으로 소비가 확산하게 된다. 어느 분야든 명품의 본가들은 핵심 상품에 집중하면서 지속적인 혁신을 통해 그 명성을 유지하고 향유

계층을 넓혀 간다.

  음식을 포함한 문화상품은 단순하게 실용성으로만 구매하는 것이 아니라 그 상품에 더해진 창조적 변형과 그래서 생겨난 이미지에 따라 형성된 가치를 구매하는 것이다. 이렇듯 명품의 소비 패턴은 생필품처럼 소비할 수밖에 없어 소비하는 것이 아닌 그 가치를 누리는 것으로 소비의 의미를 찾는, 가치 소비의 상징이기 때문에 상류층은 물론 중간 계층을 포함한 모든 계층의 선망 대상이 된다. 그래서 명품의 대중화가 확산한다.

광주요의 '목부용문(木芙蓉文)'

한식 명품화으 새로운 팬덤 시대를 개척하고 있는 비채나 ▲ ▼

어제의 명품이 오늘의 대중 상품이 되고, 오늘의 명품은 미래의 대중 소비로 바뀌어 온 것이 역사를 통해 배울 수 있는 경제와 문화의 속성이기도 하다.

미국 대중문화의 상징과도 같은 햄버거를 살펴보면 쉽게 이해할 수 있다. 햄버거를 먹는 행위는 단지 음식 하나만을 취식하는 것을 뜻하지는 않는다. 햄버거는 물론 이와 함께 마시는 콜라 역시 미국문화를 대표하는 상징(symbol)이다.

게다가 햄버거 상점 안의 장식을 비롯해 음악, 디자인, 청바지 문화 등 햄버거와 관련한 모든 것은 미국을 상기하도록 이끄는 '시니피앙(signifiant)'이 아닐 수 없다. 햄버거를 먹기 위해 햄버거 가게 안으로 발을 내딛는 순간 그 사람은 온전히 미국문화 속으로 들어가게 된다. 그러니 햄버거를 먹는 것은 그저 한 끼를 때운다는 일차적인 행위에 그치는 것이 아니

'비채나'는 한식의 면면을 연구하고 채집해 온 광주요그룹의 역량이 집결되어 한식의 레퍼런스를 넓히고 있는 명품 한식당이다

라 미국문화 자체를 소비하는 문화적 행위가 되는 것이다.

명품이 대중화된 상품으로 나아가려면 필수적인 것이 '팬덤' 현상으로부터 시작된다고 생각한다. '가온'과 '비채나'를 열면서 그리고 '화요'의 성장으로부터 절실하게 깨달았던 부분이다.

경영전략가이자 스스로 베이비붐세대와 X세대에 걸쳐 있어 문화적으로 자우분방한 사고를 한다고 알려진 데이비드 미어먼 스콧과 밀레니얼 세대인 레이코 스콧이 함께 쓴 『팬덤 경제학』에 따르면, 상품을 '팬덤화'한다는 것이 얼마나 시너지를 나타내게 하는지 잘 알 수 있다. 저자는 '팬이 작품 일부를 소유한다고 해서 창조자로부터 권력을 빼앗아 오는 것은 아니다. 이것은 제로섬 게임이 아니다. 오히려 이해의 단계를 변형시키고 추가함으로써 팬들은 원작의 범위를 확대해 더 나아가게 하고 이전보다 더 많은 사람을 끌어들인다.'라고 강조한다.

팬덤 문화는 일반적으로 문화상품을 소비하는 데서 그치지 않고 그것을 재료 삼아 자신들이 향유할 수 있는 새로운 기호품으로 재창조해 나가는 방식으로 확산해 나간다는 특징을 짚은 것이다. 단순 소비자의 차원을 넘어 스스로 생산자가 되는, 이른바 '생비자(prosumer)'로 진화한다는 얘기다.

한식의 세계화가 이뤄지고 글로벌 팬덤화로 나아간다면 그다음에는 한식을 즐기는 동시에 자신의 레시피로 메뉴를 재창조할 수 있는 '프로슈머'까지 등장할 수 있다고 나는 확신한다.

아직은 꿈같은 이야기일는지도 모르겠지만 그리 머지않은 미래에 이처럼 꿈같은 일이 반드시 일어날 것이라 굳게 믿는다. 그러기 위해서 선행되어야 하는 것이 바로 한식의 고급화, 명품화이며 이 일을 위해 나는 지난 30년을 달려왔다.

한식 세계화에 이처럼 오랫동안 투신하며 내가 가진 모든 것을 쏟아부어 왔으나 나 혼자의 힘으로는 아직도 역부족이라는 사실을 절실히 깨닫는다. 아직 갈 길은 멀고 요원하지만 이제 내가 꾸는 꿈의 팔부능선쯤은 올랐다고 생각한다. 뜻을 같이해 왔던 나의 도반(道伴)들은 물론 이제는 정부와 대기업, 미디어, 온 국민이 함께한다면 가까운 미래에 더 품격 있는 우리 문화가 구축될 수 있다고 굳게 믿는다.

에필로그

뜨거운 심장을 지닌 백발 청년이
미래를 경영할 젊은이에게

오랫동안 나는 내가 걸어온 길, '전통의 가치를 재창조하는 기업가'로서의 길이 나만의 운명이라고 느껴 왔다. 다른 이들이 가지 않는 길을 뚜벅뚜벅 외롭게 걸어야 했던 고난의 길이었으나 그 운명이 나를 이끌었다는 데 생각이 닿으면 힘들지 않고 도리어 알 수 없는 힘이 용솟음쳤다.

운명은 운명적으로 다가와 필연적으로 이루고자 하는 방향으로 이끄는 불가해한 힘이지만, 지나온 내 삶을 돌이켜보면 꼭 그런 것만은 아닐 수도 있다는 생각이 든다. 이 책의 맨 앞 장에서 나는 운명의 사전적 정의를 '반드시 그렇게 될 수밖에 없이 이미 정해져 있는 사실'이라고 밝혔다.

그런데 다른 사전에 따르면 운명은 '인간을 포함한 우주의 일체를 지배한다고 생각되는 초인간적인 힘'으로도 정의될 수 있다. 그렇다면 그 초인간적 힘이란 무엇일까. 그것은 다름 아닌 삼라만상과 모든 존재를 운행하는 우주적 원리가 아닐까. 다시 말해 운명은 자연법칙에 따라 자연스럽게 적용되는 것이지, 초자연적인 무엇은 아닐 것이다. 고로 인간은 물론 우주의 모든 일과 사건이란 합당한 원인이 있고 그에 따르는 과정과 결과만이 있을 뿐이라고 할 수 있다.

누군가는 내가 선친의 가업을 이어받은 후 생활도자기를 개발하고 한식의 세계화를 위해 뛰며 명품 전통술을 재현하는 일련의 과정을 운명이 이끎에 따른 것이라고 했다. 그러나 내가 걸어온 길은 운명의 이끎보다 더 심오한 우주적 원리에 따라 이미 예정된 수순은 아니었을까.

그래서 어쩔 수 없이 그 길을 걸었지만, 그것은 어쩌면 수동적 추종이 아닌 능동적, 의지적 도전은 혹 아니었을까. 모든 일이 정해진 양 아주 자연스럽게 이어진 길 위에 서 있는 자신을 발견하면서 내게는 반드시 이뤄 내리라는 강렬한 소명 의식으로 충만했었다는 사실을 늘 내면으로 강렬하게 느꼈기 때문이다.

한식 세계화와 함께 우리 식문화의 우수성을 세계에 알리는 작업은 내게는 '고르디우스의 매듭'에 다름 아니었다. 아시아를 정복하는 자만이 풀 수 있다는, 복잡하게 얽힌 매듭이었던 '고르디우스의 매듭'은 아시아 정복의 야망이 있던 알렉산드로스 대왕이 칼로 단번에 끊어버렸다고 전한다. 이후 '고르디우스의 매듭'은 대담하게 행동할 때만 풀 수 있는 문제를 일컫는 용어로 널리 회자하고 있다.

다른 의미로 말하자면 내게 찾아온 기회를 잘 포착해 성공으로 이끈 사례라고 할 수 있다. '기회란 놈은 앞쪽에 머리가 있다. 뒷머리는 민머리여서 지나가면 결코 잡을 수 없다'라는 우스갯소리가 있다. 그만큼 기회는 자주 찾아오지 않고 잡기도 힘들다는 얘기이다. 기회인지 아닌지 제대로 분간하는 지혜도 필요하다. 중요한 것은 기회가 오기 전 그 기회를 내 것으로 만들기 위해 빈틈없는 준비가 필요하다는 사실이다.

그 준비 과정에서 가장 중요한 것은 바로 꿈을 세우는 일이다. 꿈을 세운다는 것은 자신이 원하는 삶을 살기 위해 갖는 목표와 바람을 만드는 일을 말한다. 그리고 그 목표와 바람을 이루기 위해서는 실현 가능한 계획에 따라 끊임없이 도전하고 노력해야 한다.

나는 담대한 마음으로 '밥상이 국가의 운명을 바꾼다'라는 화두를 부여안고 지난 30여 년간 꿈을 앞세워 한결같이 달려왔다. 때로는 미쳤다는 소리를 들었고 허황한 꿈을 꾸는 이상주의자로 매도되기도 했다.

그러나 산골짜기 깊은 곳에서 샘솟는 한 방울의 물과 이슬방울이 모여 작은 내를 이루고 스스로 길을 만들어 도도한 강물이 되며 기어이 거대하고 망망한 바다로 흘러 들어가듯, 내가 꿈꾸는 전통문화의 재창조를 통한 우리 식문화의 세계화가 반드시 이뤄질 날은 올 것이다. 그렇게 믿는다.

이제 나는 생물학적 나이로 여든이 가까워져 온다. 내가 걸어온 길의 목록을 하나씩 정리해 인생의 대차대조표를 따져야 할 황혼기가 된 것이다. 애초 내가 가졌던 것, 내가 일궜던 것들 그리고 다른 이들에게 받았던 도움과 사랑 등 좌변과 우변을 모두 꼼꼼하게 점검해 봐야 내 인생의 성패를 알 수 있을 것이다.

그러나 대충 따져만 봐도 내 삶은 따사로웠고 행복했다고 생각한다. 어릴 적 부모님의 사랑으로 나는 남들이 하지 못했던 많은 경험을 할 수 있었고 선친의 가업을 잇고부터는 주위 도반(道伴)들의 도움에 힘입어 가치를 좇는 일을 즐겁게 해 왔다. 또한 남이 가지 않은 길을 걸어온 내게 묵묵히 응원의 눈길을 보내준 아내와 세 딸이 있어 외롭거나 춥지 않았고 든든했다. 인생이 아름답다는 사실을 깨닫게 해 준 것도 가족이었다. 그러니 내가 걸어온 인생길에 회한이나 후회는 없다.

단지 바라는 것이 있다면 내 삶의 여정이 후배들에게 '시금석'과도 같은 존재가 되었으면 하는 점이다. 그런 측면에서 한식 세계화를 비롯해 우리 문화를 세계에 알리고자 힘써온 평생의 노력을 담아낸 이 책이 미래를 짊어질 젊은이들에게 인생의 좋은 지침서로 자리매김하길 진심으로 바란다.

이 책은 경영인 조태권을 넘어서 인간 조태권을 배울 수 있는 학교로 생각해 볼 수도 있겠다. 이 학교에서 다음 세대의 주인공인 젊은이들이 두 가지를 배웠으면 좋겠다. 하나는 스스로 삶을 꾸려 나갈 힘, 즉 자신의 앞가림을 하는 능력이고 다른 하나는 타인과 함께 어울려 사는 자세이다.

나는 돈을 더 벌거나 더 높은 지위에 오르는 방법을 알지 못하고 알려줄 수도 없다. 내가 이어 왔던 삶의 방식은 그런 것과 거리가 있었기 때문이다. 오히려 그 두 가지를 터득하기 위해 끊임없이 노력했다.

운명처럼 선친께 물려받은 사업이었으나 결국은 내 선택으로 사업의 방향을 재창조했다. 더불어 내 일에 대한 애정과 관심이 없었다면 지금의 나는 없었을 것이다. 처음 광주요를 맡았을 때 어려움이 없지 않았다. 우리가 빚어낸 전통문화의 가치를 제대로 알지 못하는 환경이었기 때문이다. 하지만 그런 상황에서도 전통을 현대적으로 계승하고 생활 속에서 사용할 수 있는, 즉 '현대성'과 '일상성'을 갖춘 상품을 모색했고 결국 성공에 이르렀다.

그와 동시에 나는 책을 통해 내면의 폭을 넓혀 나갔다. 독서는 통찰력과 사고력을 키워줬으며 상상력과 창의성을 바탕으로 세상을 보는 눈과 문제 해결 능력을 갖출 수 있게 나를 이끌었다. 고정관념을 탈피하고 타인의 관점과 견해를 엿볼 기회가 되었으며 가치관과 세계관을 확장해 글로벌한 시야를 갖게 해 줬다. 이 책에 소개된 27권의 책들이 대표적인 사례이다.

경영 일선에서 물러난 지금 지난날을 회고해 보면 작은 아쉬움은 있을지언정 후회는 없다. 꿈을 꾸고 그 꿈을 이루기 위해 최선을 다해 정진해 왔기 때문이다. 그러나 아직 내 할 일은 끝나지 않았다. 경영 일선에서 물러났으나 광주요그룹의 미래를 그리는 일 그리고 내 인생을 정리하는 일이 남아 있기 때문이다. 이를 위해 스무 살 청년처럼 열정을 갖고 자신을 채찍질해야 한다. 그러니 앞으로도 백발 청년의 열정은 길을 잃지 않는다. 여전히 뜨거운 심장을 지닌 백발 청년으로 살아갈 것이다.

광주요그룹 가족들과 광주요그룹이 여기까지 올 수 있도록 도와준 모든 이들 그리고 우리 식문화가 세계로 웅비하기를 바라 마지않는 이들, 그리고 꿈을 꾸고 그 꿈을 가슴에 키워가며 미래를 경영할 모든 젊은이에게 이 책을 바친다.

2025년 9월 조태권